Five Secrets of Leadership and Management

領導與管理5大祕密

——如何創造一支勝利的團隊

e life

生命. 生活. 生涯

精神. 活力. 新生

發現生命的價值 肯定生命的可貴

國家圖書館出版品預行編目資料

領導與管理5大秘密：如何創造一支勝利的團隊／黃國興著.——修訂二版一刷.——臺北市：三民，2015
面；　公分——(LIFE系列)

ISBN 978-957-14-5985-1　(平裝)

1. 領導 2. 管理科學

541.776　　103025641

——如何創造一支勝利的團隊

著作人　黃國興
發行人　劉振強
著作財產權人　三民書局股份有限公司
發行所　三民書局股份有限公司
地址　臺北市復興北路386號
電話　(02)25006600
郵撥帳號　0009998-5
門市部　(復北店) 臺北市復興北路386號
(重南店) 臺北市重慶南路一段61號
出版日期　初版一刷　2007年10月
修訂二版一刷　2015年1月
編號　S 493690
行政院新聞局登記證局版臺業字第〇二〇〇號

ISBN 978-957-14-5985-1 (平裝)
http://www.sanmin.com.tw 三民網路書店

Life 叢書出版緣起

現代人處在緊張、繁忙的生活步調中，在承受過度心理壓力而不自知的情況下，逐漸形成生理與心理疾病，例如憂鬱、躁鬱、失眠等，這種種的問題，不僅呈現在個人的身心層面，更可能演變成為家庭破碎的悲劇，甚至耗費莫大的社會成本。我們從近年來發生的自殺、情殺、家暴、失業問題等種種新聞中，不難發現問題的嚴重性，這些可能正發生在你我身邊的真實生命故事，也讓許多人不禁發出「我們的社會究竟怎麼了」的喟嘆！

面對著一個個受苦而無助的靈魂，我們能夠為他們做些什麼？而身為對社會具有責任的文化出版者，我們又能為社會做些什麼？這一連串的觀察與思考，促使我們更深刻地反省，並澄清我們的意念，釐清我們想帶給社會一些什麼樣的東西，讓臺灣的社會，朝向一個更美好、更有希望，及更理想的未來。以此為基礎，我們企畫了【LIFE】系列叢書，邀集在心理學、醫學、教育、法律、經濟學、管理等各領域中學有專精的專家學者，共同為社會盡一分心力，提供社會大眾以更嶄新的眼光、更深層的思考，重新認識自己並關懷他人，進而發現生命的價值，肯定生命的可貴。

要解決問題，必須先面對問題、瞭解問題，更要能超越問題。從這個角度出發，【LIFE】系列叢書透過「預防性」與「治療性」兩種角度，對現代人所遭遇的心理與現實困境，提出最專業的協助，給予最真心的支持。跳脫一般市面上的讀物所宣稱「神奇」、「速成」的效用，本叢書重視知識的可信度與嚴謹性，並強調文字的易讀性與親切感，除了使讀者獲得正確的知識，更期待能轉化知識為正向、積極的生活行動力。

值得一提的是，參與寫作的每位學者，不僅在學界與實務界學有專精，最令人感動的是，在邀稿過程中，他們與三民同樣抱持著對人類社會的理想與熱情，不計較稿酬的多少，願對人們的身心安頓進行關照，共同發心為臺灣社會來打拼。我們深切地期望三民【LIFE】系列叢書，能成為現代人的心靈良伴，讓我們透過閱讀，擁有更健康、更美好的人生。

三民書局編輯部　謹識

author

黃國興小檔案

黃國興先生任職於美國的希捷 (Seagate) 科技公司，擔任硬碟研發部門的副總經理。他曾於二〇〇五年被該公司的員工票選為「全美最佳經理人」。

黃國興先生所領導的研發團隊約有四百五十位員工，二〇一五年的年度研發預算是一點二億美元，工作內容包括：技術及產品的研發、新產品的認證、客戶工程以及產品境外生產的業務移轉等。此外，他還擔任美國加州費立蒙分部的副總經理，對於技術與產品的研發、財務、職業環境健康安全管理、資訊科技以及設備等方面全權負責。

希捷科技公司是全球硬碟產業的龍頭，總部設在美國加州庫比提諾市，年營收約為一百五十億美元、淨利約十五億美元，並有五萬名員工遍布世界各國。

It has been rare in my 30 years of managing people in high tech that I have had the opportunity to work with an individual who possesses so many of the key attributes required to transform an organization and to make it great. Steve Hwang has developed his skills through experiencing and responding to both the "tough times" and the "great times" in one of the most difficult and challenging businesses in the high tech world-hard disk drives. This is an industry where a "pause" in innovation can bankrupt a company. Steve's ability to lead, motivate, encourage, hold accountable, and reward his people was not something that he was born with, nor instinctive, but rather something that he strived for, learned, and implemented "on the job" during his years in the industry. He learned about these skills by observing others whom he admired, learned what he needed to do to improve by openly discussing his own personal needs, and re-engineered himself to become one of the most productive, talented individuals in my organization. This book chronicles many of the experiences that led him to success. If you are willing to learn to grow and become a true leader, this book will provide insight into a successful journey that helped mold Steve into a true leader. I hope you enjoy learning about Steve's experiences and take away from them something that will help you in your own career.

Former Vice President of Seagate Technology
Former President of IDEMA (International Disc Drive Equipment & Materials Association)

中文翻譯

以我在高科技產業工作與擔任管理人員的三十年經驗裡，僅有少數的人具備特殊的管理和領導技能，這種技能可改變公司組織、制度和文化，並創造一支成功、有效率的團隊。

在這個高度競爭與極度挑戰的全球硬碟產業環境中，一旦在研發或是產品創新上出現停滯，企業就可能因此破產，而史帝夫・黃 (Steve Hwang) 成功的歷經這個產業的「順境」與「逆境」時期，並藉此培養領導與管理技能。

史帝夫的領導、啟發、激勵、賞罰分明的領導方式與能力，並非與生俱來的，而是他多年來的努力學習，同時不斷地應用在實際工作上。

Steve 從觀察其他優秀的管理階層開始，加上公開和其他人討論個人所需要加強的能力，不斷學習和培養領導技能，並成為我所領導的團隊中，最有能力、效率、生產力和最成功的領導階層。

這本書記載了他個人成功的經驗，如果你也希望成為一位成功的領導者，這本書將提供許多寶貴的經驗。

最後，我祝福你有一個愉快的學習經驗，經由學習史帝夫成功的領導與管理經驗，進而幫助你自己的職業生涯。謝謝。

前（退休）副總經理，希捷科技公司
前（退休）總經理，國際硬碟儀器和材料協會 (IDEMA)
喬懷志 (Joel Weiss) 工程博士

foreword

推薦序

黃國興博士是我以前在美國希捷 (Seagate) 公司的同事與朋友，我們習慣稱他為 Steve。

Steve 以他多年在美國矽谷高科技公司工作所學到的領導與管理經驗，以「阿雄與蘇總」的簡易對白，與讀者分享他成功的五個祕密。這本書不是教條式的演講，而是以人性為出發點，告訴讀者如何從一個剛出校門的工程師成為一個跨國公司的高階主管。Steve 如同傳教士般的寫出我們以前在 Seagate 學到的管理課程：熱誠 (Passion)、願景 (Vision) 與溝通 (Communication)，加上公平公正的獎賞與團隊合作。

這是一本值得讀者細細品味的好書，希望大家都可以印證在實際的工作上。

鴻海集團前技術長　**陳杰良博士**

推薦序

foreword

黃國興先生目前任職於全球硬碟機領導供應商希捷科技 (Seagate Technology) 公司，擔任研發中心高階主管，於西元二〇〇五年被推選為「最佳領導和管理經理人」，為企業領導和管理經理人之楷模，也是一位臺灣土生土長、受臺灣教育，卻能在美國高科技大廠，以其多年企業管理之資歷獲此榮耀之「華人」。

當我乍看這本書之書名時，曾對於作者何以能將企業之領導與管理事項，以「五大祕密創造一支勝利的團隊」導入，感到十分好奇。尤其市面遍布企業管理相關書籍，這本書又如何揭開「領導與管理的五大祕密」的訊息？然而在細細品嘗之下，書中一位初任主管者面臨管理問題時的一股壓力和窒息感覺，不正是各企業管理領導人的寫照。作者以循序漸進方式，藉由訪談學習讓一位小主管驗證問題，並透過開導、啟蒙，發現問題、解決問題。誠如作者在書中所述「五大祕密寫成一小冊，並且分發給其他人，一起分享這寶貴的禮物」，當您閱讀過這本書後，您絕對可以認同作者為何希望藉由這本書，讓更多人可以接觸和學習這五大祕密，並且一起分享這成功的滋味。

基本上，管理是可以透過教育來提升能力，但是最主要的還是從實務經驗中學習。

《領導與管理 5 大祕密》這本書將五大祕密，依序逐條敘述，第一條：熱愛你的工作 (Passionate about Your Work)、第二條：建立一個明確的願景和目標 (Establish clear vision & Goals)、第三條：有效率的溝通 (Effective Communication)、第四條：公平、公正、合宜的獎賞與懲罰 (Fair & Appropriate Reward & Reprimand)、第五條：團隊合作 (Team work)。除了詳細解說第一條至第五條之各項問題與內容，並引證實例與生活經驗，以精簡流暢，淺顯易懂的文字，與讀者們分享，讓讀者感同身受其精髓。尤其對於初學者，從第一條到第五條，按部就班地學習和應用，更能瞭解其中涵義和體會每條祕密中緊緊相扣，互相依存的關聯性。

作者將其累積之實務經驗，藉由這本書讓您具備領導管理的所有祕密，好好利用它去實習，它沒有艱深的理論說明，但有深入淺出的描述，內容相當符合各業界人士與大眾閱讀。不僅帶給讀者很大的啟發與收穫，也釐清了許多觀念與迷思，是一本難得之佳作，我個人非常樂於推薦。

在多元且動態的經濟環境裡，企業經營所面臨的實際問題，隨時空的轉移，也有所不同。當您正領導與管理一個團隊，親自體驗這本書之領導和管理的技能時，您就可以創立一支屬於您自己的勝利團隊。

光洋應用材料科技股份有限公司　**陳李賀董事長**

二版序

foreword

《領導與管理 5 大祕密》這本書在二〇〇七年出版後，得到不少正面的迴響。五年過後，基本上，社會上對於領導與管理的技能和學習並沒有太大的改變，不過書中所列的故事，卻需要加以更新。因此我和三民書局決定做部分的改版，因而促成了本書第二版的發行。

第二版中，在第三章「建立一個明確的願景和目標」部分，新增了高科技公司的願景和目標案例，尤其是於現在企業之間十分流行的蘋果公司賈伯斯的故事；第四章「有效率的溝通」也替換了舊的案例，和讀者一起分享許多近年來有名的溝通例子，包括賈伯斯的溝通故事；在第五章針對獎賞和懲罰也添加了許多嶄新的例子；第六章的「團隊合作」部分亦做了很多改進。在新版中，讀者可以學習到更多團隊合作的例子和故事，以及如何去經營一支國際化、多元化的團隊。第二版除了保持初版的精髓，還增加許多容易瞭解的故事，使得整本書更順暢、易懂、更容易學習和應用它。

當您讀完這本書，如果您有任何意見和問題，都歡迎聯絡我。

黃國興　**二〇一四年十二月**

E-mail: Steve_Hwang_2000@yahoo.com

序 foreword

人類的經濟制度，在過去數千年的歷史中，由游牧經濟進化到農業經濟，再由農業經濟進化到十九世紀的工業經濟。進入二十世紀後，藉由電腦的發明，人類經濟社會正式進入電子資訊和知識經濟的時代。除了電腦以外，網際網路的普及和應用，更加速了人類經濟社會的改變。首先，國界和邊界的阻礙不見了，以往僅限於國內人民與人民的區域性經濟消失了，起而代之的是全球性和跨國性企業的經濟。

在二十一世紀，高科技產業主導的經濟體中，什麼是決定公司競爭的優勢？這優勢不在於公司資本額大小、公司策略的好壞，或者產品技術水平的優劣。一個成功有競爭力的公司，必須有一套完整的領導與管理哲學和一組高人一等的領導階層。在有規模、有制度的公司，內部組織也會制定非常健全的領導與管理的訓練課程。課程包括訓練初級主管、中高級主管，到公司最高層領導階層。應用一套按部就班、適才適時的訓練，去培訓和創造一支良好的領導和管理階層團隊。藉由領導與管理的優勢，公司全體上下，可以將制定的策略和目標，在完全協調與合作的狀態下，大家朝同一方向前進，一起完成最後的勝利。

當公司在追求競爭的優勢時，許許多多有關於領導與管理的研究和著作，也如雨後春筍般不斷出現。在高科技重地的美國，領導與管理的研究和著作從未間斷過。從早期管理大師 Peter Drucker，到八〇與九〇年代 Steve Covey 所著的 *The 7 Habits of Highly Effective People*，Ken Blanchard & Spencer Johnson 所著的 *The One Minute Manager*，一直到 Thomas J. Peters & Robert H. Waterman, Jr. 著作的 *In Search of Excellence* 等等。

近年來，許多臺灣的高科技公司，在臺灣、中國大陸、香港、新加坡和馬來西亞等地，十分迅速的發展和擴大產業。但是在領導與管理人才的培訓上，仍然處於草創時期，且有關於領導與管理的中文著作十分缺乏。有鑑於此，當我在所服務的美國 Seagate（希捷）公司，被選為「二〇〇五年最佳領導和管理經理人」後，我決定將個人在臺灣成長，受中學、大學教育的背景，以及在陸軍測量排服役的領導與管理經驗，再綜合自己在美國接受的高科技產業的管理階層的訓練和經驗，寫成一本融合臺灣背景和美式領導與管理的中文書籍。

我希望藉由這本書，可以提供所有高科技管理人才，一項有效工具去進修和加強領導與管理的技能，如果，在讀完這本書後，你喜歡書中內容，也得到本書所帶來的好處，為了讓更多人也可以有機會分享和學習到這本書所帶來的好處，請將這本書也介紹給你的朋友、同學、同事和家人。謝謝。

黃國興　二〇〇七年九月

領導與管理5大祕密

——如何創造一支勝利的團隊

目次

1 UNIT

升官背後——主管難為

阿雄與阿彬

一如往常北臺灣七月下旬的天氣，新竹的夜晚，氣候依舊是酷熱和潮溼的，讓人有一股壓力和窒息感。對於阿雄和阿彬這兩位所謂新竹科學園區「電子新貴」而言，每個月的最後一個星期五，下班後，在靠近園區一家西餐廳聚餐和聊天，就成了減低工作壓力和逃避炎熱天氣的最佳消遣。

在例行的聚會中，他們無所不談，從工作、家庭到社會時事，互通朋友的最新狀況，甚至是國內、國外大小事等等。

阿雄和阿彬是高中同學，大學聯考同時考上南部一間大學。阿雄讀的是工程學系，阿彬讀的是企業管理學系。大學畢業，加上二年碩士研究所，再服完兵役，之後阿雄進了一家世界級的高科技公司，成為初級的研發工程師。十二年前進入這家公司，他從初級工程師，做到高級工程師，上個月，他才被晉升成研發部門第一線主管；阿彬則進入園區一家全臺灣最大的人力資源公司上班，他所負責的職務主要是幫園區內高科技公司甄選、招募國內和國外的高階人才。因為職務需要，他和園區內大公司的高階主管們都有頻繁的接觸，也建立了深厚的交情。

阿雄、阿彬今天的聚會比較特別。因為上個月，阿雄第一次擔任有管理責任的「主管」，手下有五～六名工程師與三～四名工程助理。因此阿彬特別買了一份小禮物準備給阿雄，恭喜他的高升。阿彬先到餐廳，過了二十分鐘，仍然不見阿雄蹤影，心裡納悶覺得奇怪，阿雄向來是個很準時的人，而且他最討厭別人遲到。又過了三十分鐘，阿雄才姍姍來遲。

阿雄的困境——中年阿雄的煩惱

「阿雄，你怎麼這麼晚才來，而且看起來這麼疲倦，精神也很差，就像突然間老了十歲一樣。」阿彬問道，「你是身體健康出了問題，還是跟老婆吵架，或者家人出了什麼事？」

「都不是。」阿雄無奈的回答。

「是工作的問題，你知道上個月我當了小主管後，工作壓力增加了至少十倍以上。現在只要和產品開發研究或顧客測試結果有關的，不管什麼大大小小事情，一旦出了問題，所有責任一定追究到我頭上來。再加上我手下那幾位工程師和工程助理，聰明的很皮不做事，不聰明的想做事卻又沒有效率也做不好。」阿雄端起桌上的水杯，喝了一口水，喘了一口氣，把水杯放下的同時，抱怨的說道，「這些人真是成事不足而敗事有餘，我現在是一個人要做十個人的工作分量。」

「有這麼嚴重嗎？」阿彬不解的問。

阿雄繼續抱怨說道，「我每天都忙得團團轉，從早上八點上班到晚上八點離開辦公室，我無時無刻不在工作，擔心工作進度，有時候忙到連上個廁所的時間都沒有。即使下了班後，也是提心吊膽工作上的問題。更糟糕的是，工作的壓力造成我最近經常失眠。如果我再繼續這樣工作下去，不但會將身體搞壞，再過一、二年，老婆和小孩可能都認不出我呢！」

「我真是後悔接了這個小主管職務，現在騎虎難下，真慘啊！」阿雄搖著頭說道。

阿彬聽了阿雄滿腹牢騷，接口說道，「阿雄，想想看，在這個園區裡有這麼多的主管，他們領導和管理上千、上萬員工，他們的職責至少有你的百倍甚至千倍多。我想你現在的問題是一個很典型的『領導與管理』效率的問題。」

「是啊！我就是不瞭解那些大主管，哪裡有那麼多的美國時間和精力去做那麼多的事，管理那麼多的人。」阿雄喝了一口水，發了一大堆牢騷，「我現在真是沮喪，好想辭掉現在這份工作，再找一份輕鬆一點的工作來做做，但是你知道現在臺灣產業外移，工作不好找啊！」

「我們先點些吃的，邊吃邊聊吧！」阿彬聽了笑嘻嘻的拿起手邊精緻的菜單，遞給阿雄一份邊說道。

點了晚餐後，阿雄迫不及待的又問，「阿彬，你剛剛說，我現在的問題是很典型的『領導與管理』效率的問題，你這是什麼意思？」

阿彬問道，「你有沒有上一些領導和管理的訓練課程，或者研讀這方面的書籍呢？」

「你知道的，我們公司並沒有一套完整的主管訓練課程去培養員工成為公司管理階層，但公司是有提供一些基本訓練，我自己也接受兩堂八個小時基本領導和管理的訓練。不過這些課程和書籍有用嗎？」阿雄不假思索的答道。

「而且大家都說領導與管理的本領是一種天賦，而不是後天可以學習來的。」阿雄繼續說道。

「雖然先天上，每個人被賦予不同的領導和管理能力，但是從統計數字上來看，我們可以發現，在歷史上，一個能夠成功地領導與管理屬下的主管，大部分都來自於後天的努力。就像艾迪生說：『所謂的天才是百分之一的天賦和百分之九十九的努力所造成』，一個有效率的領導和管理者也需要百分之九十九的努力和學習。」阿彬笑著回答。

「阿雄，你有沒有興趣去觀察和學習其他高階主管的領導和管理效率，看看他們是如何領導與管理一個成功、有效率和勝利的團隊？我可以幫你介紹。」阿彬提議。

「好啊！只要可以幫忙解決我的問題，我都願意去試。你知道嗎？如果去哪個寺廟燒香拜拜可以解決我的問題，告訴我，我都會去嘗試。」阿雄開玩笑的回答。

蘇總經理？

「我認識一位蘇總經理，他負責一家跨國性的臺灣高科技公司，從生產、研發、一直到產品測試、顧客服務都是由他負責。蘇總經理在十年前回到臺灣，進入這家公司，當時這家公司只是一家營業額二億新臺幣的小公司。蘇總從高級工程師，成為第一線、第二線主管到副總經理、總經理的職務。公司在他的領導管理下，成長了五百倍，成為營業額一千億新臺幣的世界級一流公司。」阿彬很興奮的介紹蘇總經理。

「他在我們人力資源業界所有調查中，總是在『最有效率、最令人仰慕的高階主管』

的排行榜中名列前茅，而且也在許多知名雜誌，如*Money*、*Fortune*、《產經新聞》等媒體中，獲得年度最佳經理人的頭銜，可說是一位國際聞名的高階主管。我想他可以幫忙解決你目前領導和管理的窘境。」

阿雄迫不及待的問道，「喔？你能幫我引薦嗎？」

阿彬拍著胸脯回答，「那有什麼問題！」

到了星期天下午，阿彬撥了通電話給阿雄，「阿雄，我今天和蘇總聯絡上，我向他描述你現在的問題。蘇總同意你到他那裡見習，他建議每三個月的第一個星期的星期一，你到他的辦公室跟著他，觀察和學習他的領導和管理技能。」

「太好了！你這個朋友真是沒有白交！」阿雄期待的說。

角色轉換

哈佛商學院(Harvard Business School)教授琳達・希爾(Linda A. Hill)的研究指出，新手主管成功的關鍵在於認清兩項重要的角色轉換：

1. 從做事者轉變為管理者。
2. 從專業工作者轉變為企業經營者。

成功的主管必須學習放棄成為如明星般的專業工作者，而學習成為有效率的企業管理者和領導者。

UNIT 2

領導與管理的第一大祕密：「熱愛」你的工作

初次會面

八月份的第一個星期一，阿雄特別起了一個大早，他和阿彬、蘇總約好了八點鐘，在蘇總的辦公室見面。八點整，阿雄進了大樓的會客室，阿彬和蘇總已經先到了。蘇總看起來精神抖擻，大約一百七十五公分高，約七十公斤重，身體看起來非常健壯。從外表一點也看不出是五十歲的中年人，體態和精神倒像是三十剛出頭。你似乎感覺到他散發出一股熱情，同時有很巨大的能量圍繞著他。從見到蘇總的第一眼起，蘇總臉上一直帶著微笑。

阿彬先開口介紹，「阿雄，這位就是令大家折服、大名鼎鼎的蘇總經理。」

阿雄連忙接著說，「久仰您的大名，今天真是非常榮幸可以和您見面。特別要感謝您在這麼忙碌的行程裡，還抽空出來指導我這位後生小輩。」

蘇總不疾不徐的回答，「你太客氣了，這其實一點都不會影響到我的工作，因為你所要學習的『領導與管理』的祕密就是我每天工作的重點。更何況，我也一直希望把我個人的領悟整理出來，將『領導與管理』的經驗和更多人分享。」

「蘇總，太謝謝您了。我向您保證我一定會是一個很好的學生，更重要的是，我不但會認真實際執行所學，也會和更多人一起分享。」阿雄熱切的回答。

蘇總微微一笑說道，「很好，那麼我們就正式開始吧！首先從見習我的工作安排開始。下午五點半，我們在這裡見面，一起討論今天學習的成果，我也可以回答你的問題。」

蘇總的一天

蘇總開始一天的工作，首先，他處理語音信箱和電子郵件。不管是好的消息：如新產品通過顧客測試、產量大幅提升等；或者不是很好的消息，甚至是問題：如產品品質出了問題、被退貨、幾位重要幹部決定離職等等。從他回答的語言、音調、態度，蘇總讓人感受到一種非常正面和積極的工作方式，讓你覺得他是非常熱愛他的工作，他那一股能量和衝勁讓人覺得他在享受他的工作，而且他的工作似乎是全世界最好，也是最重要的工作。

阿雄觀察蘇總一天的時程安排是這樣：

上午八點到九點半

- 回答、處理語音信箱和電子郵件。
- 一半的語音信箱和電子郵件是公司經營的現況報告，以供蘇總參考，蘇總則回答需要他的裁決或建議的另一半，並將大半的事授權給下屬。
- 今天蘇總否決一個增加員工人數的要求，同意一個增資的擴產計劃。

上午九點半到十點

- 主持一項新產品會議，討論新產品開發進度和未來技術走向和藍圖。

上午十點到十二點

- 主持一週高階主管會議，這是一個視訊會議，由所有必須直接向他報告的主管們參與。
- 會議主題包括生產、支出、財務報告、新產品開發、顧客測試、品管到短期、中期及長期投資擴充計劃等等。

中午十二點至下午一點

- 在辦公室簡便午餐。
- 回答和處理從今天早上到中午的語音信箱和電子郵件。

下午一點至兩點

- 會見薄膜儀器製造公司總經理，討論下一代儀器技術和開發，及公司擴充計劃。
- 蘇總決定購買十臺第五代薄膜儀器，擴充明後年的產能。

下午兩點至三點

- 參加一項產品品質問題會議。討論事項包括所有工程數據和品質測試結果、產品品質問題可能對顧客帶來的衝擊和矯正措施，來防止下一步可能產生的品質問題。
- 最後產品品管副總理決定，在現成矯正措施下能有效的改善品質問題，因此可以繼續量產這項產品，蘇總也同意。

下午三點至五點

- 舉行員工圓桌會議。
- 參加人員：生產線人員到部門主管皆有，約五十至六十人。
- 員工可利用此機會向蘇總提供建議和改進措施，蘇總也藉此與員工溝通未來計畫和方向。大部分時間，蘇總都注意的聆聽，有時也做一些筆記，時時點頭表示同意大家的意見，或回答員工所提的問題。

下午五點至六點

- 回到辦公室繼續處理語音信箱和電子郵件，結束一天最後的工作，準備下班。

你少了什麼？

下午五點半，阿雄和蘇總在辦公室見面討論今天見習的心得。「今天看到、學到什麼東西？」蘇總問。

「蘇總，雖然您領導、管理這麼大的跨國公司。您接觸的客戶，部門層次比我高了很多。但是我今天觀察一天，您的工作項目與性質和我的工作並沒有太大的不同。您一天工作從回答和處理語音信箱和電子郵件開始，到主持技術部門會議、顧客電話會議、每週的主管會議到員工圓桌會議等等，和我每天接觸工作項目也大同小異。」阿雄小心地回答，頓了一口氣接著說道，「但是有一點我覺得很不一樣，不管在做什麼事，您好像非常熱愛您的工作、您的產品、您的客戶和您的員工。因為這股熱情，您的一舉一動、一言一行似乎一直散發出一股正面和積極的工作態度，身上似乎有無盡的能量和衝勁。」

「很好！你有很敏銳的觀察力，你所觀察到的就是今天我要告訴你的『領導與管理的第一大祕密：熱愛你的工作』。」蘇總爽朗的回答。「『熱愛』英文叫做“Passion”，一個主管或領導者，必須熱愛自己的工作、自己的產品和所有周邊的人。你熱愛你的工作，因為你覺得你有全世界最好的工作。你熱愛你的產品，因為你覺得你的產品不僅僅可以幫助客戶成功，也可以增進人類生活水準，幫助社會去開創一個更美好的明天。你熱愛你的員工和客戶，因為他們是幫助你完成工作和支持你成功的最大支柱。」

為什麼要有熱情？

「為什麼熱愛你的工作有這麼大的效果呢？」阿雄插嘴問。

「因為這股『熱愛』，你每天起床後，迫不及待的開始一天的工作。因為你覺得你的工作不僅僅是為了賺錢，過好生活，更重要的是創造一個不同而且更美好的未來。如此一來，你會感覺到有一股無名的榮譽感和責任心在推動著你。」蘇總回答。

阿雄又問道，「我想我瞭解『熱愛你的工作』的效果和真義。我也同意『熱愛』可以幫助我建立一個正面和積極的工作態度。但是為什麼『熱愛你的工作』是『領導與管理』的第一大祕密呢？」

「因為『熱愛』就像飛機、輪船的引擎。如果沒有引擎，飛機和輪船是動不了的。同樣的，如果你只具備一具小引擎，那麼你也僅僅能夠飛飛國內航線，航行近海海域。

唯有具備強大的引擎，飛機才能飛到世界各地和各個角落，輪船也才可以走出臺灣，航行五大洲。尤其在碰到大風暴、大海浪時，只有靠強大的引擎，才可以安全渡過，到達最後的目的地。『熱愛』就是這個大引擎，如果我們『熱愛』我們的工作，我們可以達成任何目標，衝破所有難關，可以擴充業務到世界任何角落，完成大家認為不可能完成的任務。」蘇總熱切地道來。

「您用飛機和輪船的『引擎』來比喻『熱愛你的工作』的重要性，是很清楚也很容易瞭解的。不知道有沒有現實的例子，來說明為什麼『熱愛』是一切成功的根本，也是一切自我推動力的來源？」阿雄抬起頭，眼神中帶著些許的困惑。

什麼是熱愛？

「還記得七〇年代臺灣棒球的『狂熱』嗎？」蘇總問道。

「那時候我還很小，大概是小學一、二年級，我記得在小學裡，每個人除了上課就是打棒球。」阿雄憶起當時情景。

「臺灣的少棒是一個非常好的例子，說明『熱愛』可以創造出世界記錄，得到不可思議的結果。在四十年前，臺灣有一個很特別的景象，就是到處都是棒球，在學校操場、在公園空地、在家前空地，甚至在狹窄的馬路上，只要有空地的地方，就有人在打棒球。家境較好的小孩拿著牛皮或豬皮手套，用鋁棒或木棒。家境差的小孩也打棒球，他們用塑膠手套，甚至自己動手用紙做手套，自己做球棒，有時候拾來的棍子就是球棒。大人、小孩、男孩、女孩每個人都在談棒球，棒球是大家的共同語言，將人與人之間距離拉近了。」蘇總彷彿又回到當時全臺陷入少棒狂熱的年代。

「當舉行國內錦標賽時，各縣市瘋狂投入。人人守在電視面前，等著看電視轉播比賽，外面的街道就像一座空城。當中華隊到國外比賽時，全家大小甚至徹夜守在電視前，看衛星轉播。還記得當年臺南巨人少棒隊後來居上，擊敗美國南區隊，雖然是凌晨四點鐘，全國上下依然歡聲雷動，久久不已。這股『熱愛』讓一個只有一千二百萬人口的臺灣，創下許多至今仍然屹立不搖的世界少棒記錄。今天你如果有機會到美國賓州的威廉波特的世界少棒名人堂，可以看到那裡臺灣少棒隊員創造了最多世界記錄，包括最多世界冠軍頭銜，一場比賽中得分最多，一場比賽全壘打數最多等。想想看，因為『熱愛』棒球的推動力，一個人口不到全世界百分之一的臺灣少棒隊，創造過半的世界少棒記錄，實在是一項很了不起的成就。」蘇總回想道。

阿雄一面聽著蘇總說話，想起當時盛況，一面想起當時自己對棒球的熱情，心裡不得不承認，「熱愛」的心，的確會成為「執行的原動力」。

Passion的影響

不過，阿雄心裡仍納悶，縱使「熱愛」是推動事情的原動力，但這畢竟只是個人內在的思維，跟「領導與管理」有何關聯，阿雄不解的問道，「我現在完全同意『熱愛你的工作』是『領導與管理』一個成功團隊的動源。我的下一個問題是個人的『熱愛』，如何影響一個團隊的效率和執行能力呢？」

蘇總反問，「你有沒有聽過Andy Grove，前英代爾(Intel)執行長？」阿雄點點頭說道，「在高科技領域中，大家都知道他，他可以說是半導體微處理機之父。」

蘇總起身離開辦公桌，走向旁邊的白板，一邊畫

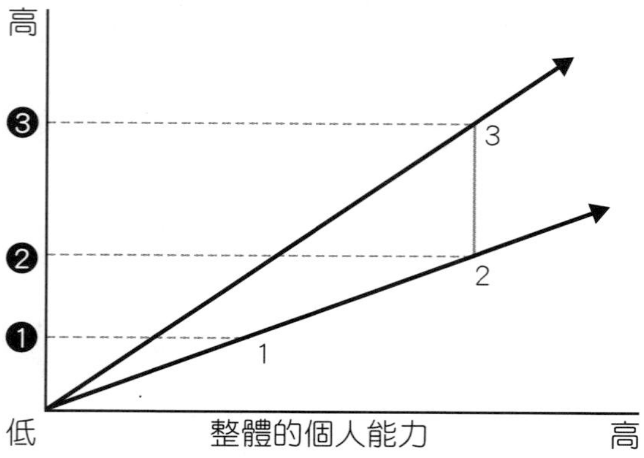

圖一

圖，一邊解釋，「Andy Grove 解釋個人能力與團隊效率和執行能力的關係就像這張圖（圖一）。這張圖代表高整體的個人能力創造出高的團隊效率和執行能力。一個團隊要增強團隊效率和執行能力就必須先增強整體的個人能力。增強整體的個人能力有二個方式，第一，找到高素質人才和提供個人訓練和進修1→2，團隊效率和執行能力也因而增強，由①→②。第二，若在一個個人能力皆相同的團體中，其中的個人熱愛自己的工作，則可以讓團隊效率和執行能力增進數倍，從2→3。」

「到目前為止，您解釋『熱愛』的真諦和重要性都十分切題、簡單，而且是一針見血的回答了我的問題。」阿雄質疑的說道，「但是，我們現在生活在一個變動快速的多元化社會，不像以前農村社會那麼單純，那麼容易去保持一個積極和正面的人生觀。在這個高科技、追求速度和效率的時代中，每個人時時刻刻處在個人、家庭、工作和社會的種種壓力和挑戰裡。短時間保持『熱愛』你的工作和維持積極正面的態度可能可以做得到，但是如何長時間維持『熱愛』的工作態度，我想將會是很困難，也不容易做到的。」

充電三角形

蘇總聽了阿雄的質疑後回應，「長時間維持『熱愛』的工作態度是不容易，但是仍是可以完成的。先前我們談到『熱愛』就像飛機和輪船的引擎，唯有強大的引擎才可以飛翔八方，周遊四海。要維持這個引擎的運轉順利，必須定期維修。要保持長期，永久性的『熱愛』你的工作態度，也需要定期的自我充電。我稱為『充電三角形』。」

「充電三角形？什麼是充電三角形？」阿雄好奇的問。

蘇總轉身畫了一個三角形，並補充道，「充電三角形就像這個圖（圖二）。充電三角形分成三部分，包括體能方面、精神方面和感情方面。當你發現某一部分能量開始減弱，你需要隨時補充回來，隨時保持這三角形在一定平衡的狀態下，任何一端的失調和不平衡都會影響到你『熱愛』工作和人生的引擎。」蘇總微笑的回答著。

「那我如何才可以保持這三角形在平衡狀態下呢？」阿雄向前傾身詢問，急欲知道

圖二

平衡方法。

保持體能平衡

第一、定期運動

選擇適合你的運動，不管是慢跑、快走、球類、氣功、伸展操、功夫等都是很好的運動項目。在運動方面選擇均衡的心肺運動（像慢跑、網球、足球、籃球……）再加上重量訓練（伏地挺身、單/雙槓……）和柔軟操訓練（像體操、氣功、太極拳……）。定期的運動可以讓你的心肺健康、頭腦清楚和四肢強韌。唯有健康的體能才能夠應付繁忙現代社會中多種的要求。另外，現代醫學研究發現，定期的運動不只增進身體體能和健康，更對工作抗壓力有很大幫忙。

蘇總以過來人的心情分享道，「我親身體會定期運動對我的幫助很大。記得十年前，當我邁入四十歲階段，我發現自己體能、耐力漸漸衰退，進而也影響到我工作的效率和專注力。我決定開始每天早上晨跑，從開始每天三千公尺到每天五千公尺。經過一年的晨跑訓練後，我報名參加馬拉松比賽，全程四十二公里（二十六英里）。在晨跑和馬拉松的訓練過程中，我不但增強自己體能，也增加自信心，在心理上，我覺得我可以克服任何的困難。」

阿雄露出不可思議的表情，「什麼！參加馬拉松，四十二公里，那大概是從臺北跑到新竹，您是怎麼做到的？」

「全程我大概跑了四小時十分鐘沒有間斷。要完成一項馬拉松任務，除了要有良好身體外，毅力和耐力才是最重要的因素。尤其當你跑到四十二公里處，你的身體狀況是處於完全崩潰狀況，你的手腳四肢都不聽使喚。你的四肢一直叫你停下來，唯一支撐你繼續完成最後路程的是你的心和毅力。當你訓練了堅強的心和毅力去完成馬拉松，用同樣的心和毅力，你可以克服和突破任何個人和工作的問題。」蘇總以謙遜的態度，帶著自信的光采回答。

第二、規律生活

盡可能的不應酬、不出差，有固定作息時間。每天早睡早起，而且睡滿八小時。白天保持充分體力；如果出差，盡量調整時差。最好的調整時差方式就是在當地夜晚之前，多做運動（可利用跑步機、爬山機），讓自己身體處於疲勞狀態，然後幫助自己入眠和調整時差。

第三、健康飲食

盡量攝取均衡飲食，不挑食、不吸煙，適當飲酒。如果應酬，不吃大魚大肉、不暴飲暴食，定時三餐，可能的話，就只吃九分飽。

蘇總繼續說明自己如何保持體能平衡，「我每天五點半起床，就開始早晨慢跑、重量訓練和做柔軟操，總共花一小時的時間。在中午午餐時，我在辦公室用簡餐，然後讀書放鬆自己，我經常會小憩十到十五分鐘。經過這短暫的休息，可以儲備下午工作所需的精力，保持自己在最佳的體力狀態。

在出差途中，搭飛機時，我會利用時間在走道上做柔軟操和重量訓練，我通常是起飛前最後一個坐下的人。如果遇到轉機時，我會推著手推車在機場內快步行走，讓血液流通，基本上盡量利用時間做運動和放鬆自己。

在現代社會中，人們十分繁忙、工作壓力大，一般人常抱怨沒有時間運動和放鬆。其實只要有計畫的注重體能的平衡，我們不管在日常工作、甚至出差、出遠門，都可以保持不間斷的體能訓練，這也是我可以一直維持高度工作熱忱和效率的一大原因。」

精神充電的兩種妙方

「現在我曉得體能上的加強方法，不過，該如何加強精神上的力量，我實在是不懂。」阿雄又問道。

蘇總說道，「在精神方面的充電，我有二種方式相互執行，效果很好。」蘇總安撫阿雄的同時也坐了下來，並告訴阿雄精神充電到底是什麼，以及該怎麼做。

妙方一：回歸自然

第一種方式叫「回歸自然」。回歸自然就是尋找一個讓自己獨自思考的機會，讓自己回到像孩童時代一樣無憂無慮的狀態。我用一個故事來描述「回歸自然」的妙方。

這個故事是這樣的，有一個很有名的音樂指揮家，他發現他的生活漸漸變得非常單調而且枯燥；他對音樂、生活和生命的熱愛也開始降低；他失去創作音樂的推動力，即使勉強自己作曲，成果卻非常的貧瘠沒有生命力，他覺得自己一定有精神上，或身體上的問題。但他尋遍所有名醫，也做了所有健康檢查，出來的結果都沒有問題。直到有一天，他碰到了一位心理醫生，在聽完了他對自己病情的描述和檢查結果，這位心理醫生問他：「願不願接受我一天的治療？」「什麼樣的治療？」音樂家問。

「這叫做『回歸自然』療法，這裡有五個處方，你就按照處方上一～五的順序指示，按時服用，當你服完這五個處方，你的病就可以痊癒。」音樂家回到家後，打開處方一的信封，上面寫著：「找一個你童年最快樂，最喜歡去的地方，自己獨處一天。在這一天遠離一切，沒有手機，沒有電腦，不和任何人交談，沒有電視，沒有收音機，只有你和大自然。」第二天早上，音樂家就來到童年他經常去住家附近的海邊。他坐在沙灘上，打開了處方二，信上寫著：「非常仔細的聽，聽聽內心深處的聲音。」音樂家就照處方指示，他很仔細的聽著。剛開始，他聽到海浪、海鳥和船笛聲。過了一陣子後，他漸漸聽到聲音從很遠、很深的地方傳過來。開始時聲音並不是很清晰，他仔細聽，那是來自大海的聲音。教導他享受大自然，享受人生，要打開心胸像大海一樣無邊無際。又過了一陣子後，他更仔細聽，發現聲音來自他的心深處，教導他人生道理，要謙卑，要有耐性，要惜福，不追求物質和名利，要尊敬大自然和萬物互相依賴的準則。突然間，他感到一片寧靜，他聽不到外界吵雜聲，只有來自內心深處的一股平和氣氛伴著他。那是一種令人十分愉快的感覺。

接著他又打開處方三，上面寫著「努力嘗試回想過去美好的時刻」。音樂家在非常寧靜、解放的感覺上，他開始去回想過去美好的回憶。漸漸的，一幕幕甜蜜的回憶開始湧上腦海裡，回到小學時刻，在操場上踢球、打棒球，在山林採桑、追逐昆蟲和鳥類，天真無邪，自由自在的生活。中學時，同班好友，三五結群，大家一起夜遊、烤肉的青少年活動，既刺激又新鮮。想起來，真是「少年不知愁」。又過一段時刻，音樂家的腦海中回到大學四年的時代，初次接觸大學舞會、Disco音樂和舞步的新鮮感，到逐漸成熟思考未來前途的選擇，一直到認識太太，約會交往的甜蜜。他盡量去回憶，而這些回憶是那麼的歷歷在目，好像就發生在昨天一樣，不知不覺中，他的嘴角洋溢一絲的微笑。

接著他又打開處方四，上面寫著「想想看你人生的目的和工作動機是什麼？你的人生目的和動機是否應該『服務別人』？」當音樂家看到信上的處方，他感到有點慚愧，他原來認為追求自我的成就、財富、名譽和物質享受，都是天經地義的。但突然間，另一股思潮湧上他的心頭，也許追求自我、服務自我是不夠的、不充實的。他也仔細的想想什麼是他內心最需要追求的。很快的，他有了答案，那就是「服務別人」，作為一位音樂家，他內心追求的是創造一首最美麗的曲子去觸動別人，讓每個人都可以感到人生的美妙，進而共同開創一個更美好的明天。

最後，他打開處方五，上面寫著「將你憂慮和害怕的事情寫下來。」音樂家拾起了一根樹枝，在沙灘上寫了十行總是圍繞在他心中的憂慮。然後，他就愉快的轉身離開海邊，他沒有回頭看他寫在沙灘上的憂慮。因為他知道，海浪和潮水很快會淹沒他的憂慮，然後流入汪汪大洋中。

聽完了回歸自然的祕方，阿雄很疑惑的問，「在現在這麼忙的工作生活中，很難空出一整天按照『回歸自然』處方去做，有沒有其他變通的方式？」

蘇總又解釋了「回歸自然」的變通方式，「不可諱言的，現代人很難撥出一整天的時間接觸大自然，放鬆自己，找回自我。但是每天我們有十分鐘，三十分鐘，一個小時。重要的不是時間的長短，而是尋找讓精神放鬆下來的每一個機會，讓精神能量再充電。讓大自然、快樂的回憶和你內心的聲音回到我們的現實環境來。」

妙方二：不斷地、持續地攝取知識

「既然有妙方一，想必一定也有妙方二囉？」阿雄好奇的詢問。

「當然，妙方二就是不斷地、持續地攝取知識。」蘇總語氣肯定的說。

攝取知識最快最有效果的方式就是多讀書，讀好書可以幫助你補足精神上的空虛，更讓你和作者一起進入他們的心思和精神境界。建議剛開始時，每三個月讀一本書，養成習慣後慢慢改成每個月讀一本書。好好利用瑣碎的時間，不管是晚間時間、出差在飛機上，甚至是候機時，把握任何可以讀書的機會。

讀書能讓你在短時間吸收無遠弗屆的資訊，找一些國內外優良的書籍雜誌，如《國家地理雜誌》、《遠見雜誌》、*Money*、*Fortune* 等。這些書籍雜誌討論的是不同文化、經驗、社會和人文的差異性和綜合性，可以讓我們增進對不同文化的瞭解與尊敬，攝取不同文化的精髓。這種文化世界觀的攝取，在現在全球性跨國企業之中尤其重要。

除了讀好書之外，寫作、繪畫等，任何藝術興趣都可以成為精神糧食，利用這些媒介，可以將自己的焦慮、雜念、空虛和沮喪不知不覺的宣洩出來，取而代之的是正面、快樂和樂觀的情緒，自然就能獲得心靈上的平衡。

感情層面的支持

「真是謝謝蘇總讓我真正瞭解體能與精神方面的維持方法，但是這只有提到兩個面向，『充電三角形』不是還有一個是所謂『感情上的充電』？這我就完全無法理解，到底為什麼需要感情能量，同時它到底又能做什麼？」阿雄問道。

「哈哈，我想一般在提到領導與管理的熱情時，很少提到所謂感情層面的支持，而所謂的感情層面支持，你只要想想小時候如果在外面被欺負，在公司被老闆莫名奇妙的罵一頓之後，你會怎麼做就好啦！」蘇總愉快的回應著。

阿雄低頭想了一下，「這讓我想起小時候哭著回家找爸媽安慰的情景，還有之前才跟朋友抱怨現在面臨到的窘境，想來真不好意思，不過還好有人能聽我抱怨，才讓我心情稍微好轉一些。」

「沒錯，這就對了，這就是感情支持的其中一個層次。」蘇總回應說道。

建立你的感情層面支持網

首先，我們知道，人類是感情的動物，所以工作或生活都容易受到感情影響。增強感情方面能量的方式，和體能、精神層面有一項很大的不同。體能和精神方面是屬於個人的，個人可以完成體能、精神能量的增加，但是感情層面的充電是無法單靠個人來維繫，而是要靠個人和群體之間的共同接觸、維繫和反應來達成的。要維持和增加感情層面的能量，你必須有一個很強，可以依靠的「感情層面支持網」。

從兒童心理學家的研究報告發現，當新生兒受到驚嚇（像噪音、閃電、雷聲……）會放聲大哭，這大哭就是感情缺乏安全感的表現。當媽媽將受驚嚇、感情層面脆弱的新生兒抱在自己懷中，輕輕拍拍嬰兒，增加感情的安全感，嬰兒很神奇的就會停止哭泣。兒童心理學家發現，母親的氣味和懷抱的溫暖恢復了嬰兒的感情安全感。一旦嬰兒補充了感情安全感，就會恢復到原來快樂、和平的狀態。相同道理，要增強感情安全感方面的能量，我們需要建立一個支持網。這個支持網包括了你父母、配偶、兄弟、姊妹、小學、國中、大學同學、鄰居、男女朋友、信仰上的朋友、親戚等等。任何可以和你接觸、談心、討論和分享問題或者一起解決問題的人。當你發現你的感情層面出現空虛、寂寞時，不管是因為工作、個人或家庭因素，你必須依靠你的「感情層面支持網」，幫助你消除這感情層面的空虛和寂寞，像媽媽所帶給新生兒的感情支柱一樣。

群體貢獻方式——成為志工

除了「感情層面支持網」外，另一個有效的方式是「加入志工」的群體貢獻方式。

當我們的感情層面開始枯竭時，我們會產生內心的不安全感。強化安全感最好的方式就是加入一個有目標、有意義的群體生活。而這個有意義的群體生活指的是和一群志同道合的人，願意主動幫忙周遭的人，幫助有困難的人過更好的日子，幫助誤入歧途的人找回人生的意義。

你可以加入各種志工行列，可以是義診志工、服務志工、家教志工、傳教志工等等。當我們加入志工行列貢獻自己，幫助別人，我們開始專注於服務他人和創造人生的意義。這些貢獻和動機無形地注入於我們感情層面，使我們恢復感情層面的安全感，更強化感情的能量。這些感情能量足以維持和創造出個人永久、持續、健康、快樂的人生。

這個時候，阿雄看看手錶，好快，已經將近七點鐘。雖然有點晚了，但是，他覺得蘇總今天傳授的「領導與管理祕密的第一條」是那麼的切題，而且他的指導和解析又是那麼獨到。他心中想著，「我一定要把握機會把所有疑問，從蘇總這裡得到圓滿的答案。」

阿雄開口問道，「蘇總，我知道現在已經七點了，我也打擾您一整天了。但是您的教導，實在是讓晚輩受益良多，如此一來不只會增進工作的效率，也將改變我的一生。因此，如果您不介意的話，我還有一個關於『熱愛你的工作』的問題想請教。」

調整自己面對逆境的心態

「沒有問題，我不會介意。我的人生目的和意義是建立在『服務別人』，你也是其中之一，所以也是我服務的對象，你的問題是什麼？」蘇總熱心的問著。

「我的問題是在『熱愛你的工作』這個守則指導下，我知道如何去調整和加強自己，以正面、積極的工作態度去面對一切逆境，去執行我的工作。我也會調整習慣去建立我的體能、心理和感情層面的維護系統。我想在正常工作情況下，維持和遵行守則第一條應當沒有困難。但是如果是突發、緊急事件，而這種事件，在公司也時常發生，像『失去一個主要客戶』、『公司開始裁員』、『新產品沒有通過客戶測試』、『公司營運不良，賠錢』等等。在這種情況下，壓力從四方一起壓迫過來，身為一位主管或領導者，您又如何能保持『熱愛』的工作態度，進而領導您的單位維持在一個高度正面和積極的狀態呢？」阿雄問道。

蘇總很高興阿雄提出這樣的問題，「你問題問得很好，維持『熱愛』的工作態度，在事情、工作進行順利時，很容易可以做得到。但是當環境不順遂，工作壓力不斷升高時，還可以保持同樣強度的『熱愛』，這就是區分領導者與團隊有無效率的分水嶺。因為古人言：『人生不順之事，十之八九。』也說：『天將降大任於斯人也，必先苦其心志，……增益其所不能。』這些名言說明大部分管理階層的處境，每一位主管和領導者面對的問題，都將是非常嚴峻，同時不容易解決的。也因此一個有效率的主管與團隊和一個平凡的主管和團隊，主要的區別在於，愈是在逆境下，愈能夠激發內在之潛能，愈能保持『熱愛』的正面積極的工作態度，完成別人所認為不可能完成的任務。」

蘇氏抗壓手冊

「在面對逆境時，除了先前提到建立正確工作態度和應用充電三角形外，我自己從多年的抗壓經驗和從各種書籍研究學習一些建議，我自創了『蘇氏抗壓手冊』。每當我自己和我的團隊處於危急存亡、嚴峻的困境時，我每天都研讀一遍『蘇氏抗壓手冊』。頓時，讓心情鬆懈下來，讓心理平衡下來，我將自己和團隊又引導回到正面和積極的『熱愛你的工作』態度上。」蘇總說道。

這時阿雄眼睛一亮，隨即問道，「您能夠和我分享您的『蘇氏抗壓手冊』嗎？」

蘇總回答，「當然可以。」說著，他從辦公室抽屜拿出他的小冊子，這小冊子寫著：

第一條：「不要對小事情發脾氣，其實每件事情都是小事情。」

經常的，我們對事情發脾氣，造成整天心情不佳，工作壓力頓時增加。但是當我們檢視這些事情時，其實都是一些小事情，只是我們把它小事化大。像上班時有人超你的車，和同事、老闆、老婆有不同意見，聽到別人對自己善意的批評，和別人比較收入，比較房子和孩子教育問題。有時候甚至喝不到自己想喝的茶或咖啡，或者辦公室電腦、電話、燈……不能用等等。有太多太多這類的事情讓我們煩躁，造成自己自煩而煩人。我們通常無法讓這些不愉快，輕易從身上溜過，相反的，我們讓這些小事情累積起來，最後爆發出來，因此，這些小事情影響到我們的工作熱忱和正面積極的工作態度。所以面對所有不愉快事情時，最好的處理方式就是「不要對小事情發脾氣，其實每件事情都是小事情」。

第二條：「當你碰到極大困難和挫折時，問問自己，這些事情，幾年後，你還記得嗎？」

想想看，當面對一些挫折和問題時，我們感覺承受無比的壓力。像失去升遷機會，在工作上犯了嚴重錯誤，和親人、配偶爭吵，工作成果不理想等等。想想看，這些事情，幾年後，你還記得嗎？

通常你會發現這些現在困擾你的問題，一年、二年或幾年後，或者不重要，或者甚至你根本忘記了。既然如此，為什麼將現在發生的一些不順利的問題，看得那麼嚴重呢？這些不順遂的困難和問題，只是我們人生中的一小部分經歷，會隨著時間消逝，很快的變得無影無蹤。因此，不要因為眼前的困難和逆境，改變你「熱愛」工作的人生態度。

第三條：「把握你現在所擁有的，對你現在所擁有的，感到心滿意足。」

很悲慘的，大部分的我們總是在追求未來的快樂。我們心裡一直想著，明天或者有一天我會很快樂，當我考上一流大學，當了大官、大主管，賺大錢，買大房子，到世界旅遊，解決所有工作、家庭和個人的問題，找到好伴侶等等。我們每天一再尋找不存在的「永遠快樂」，和不實際的「未來快樂」。我們忘記當下的快樂才是最真實，最值得享受而且可以隨時享受的。好好享受自己有一份好工作，以及擁有身體健康，父母健在，伴侶、家庭和樂與可愛的小孩子等等的快樂。記得，不要追求不實際的「明日快樂」。真實的快樂，就在現在，就在這裡，等待你去發掘、去享受、去充實你的人生。

第四條：「人類只不過是地球上的過客，一、二百年後，我們都會自地球上消失。」

從人類歷史來看，一、二百年，並不是很長的時間。但是有一件事卻是很確定的，那就是一、二百年後，現在在地球上的人類都會自地球消失。這個事實，是我們很需要思考的。當我們每天處心積慮的追求財富、名利和物質享受，每天被不順遂的問題壓得心事重重，在我們被現代社會的物質享受和工作壓力壓得喘不過氣時，想想看，一、二百年後，在地球上生活的是另一批人類。保持這個真實的思考邏輯，可以調整你的人生目標和態度在正確的方向上。

第五條：「不要讓負面的心理，持續的累積，最後像滾雪球一樣，一發不可收拾。」

我們通常會讓一個負面的事情在心理衍生了一個負面的態度，然後聯想到下一個，最後達到不可收拾的狀況，這種心態也可以徹底摧殘一個人正面和積極的態度。舉例而言，今天碰到大塞車，工作遲到，你心情不好，又想到小孩子不聽話，上星期和老婆吵架，到了辦公室，看到一、兩百封電子郵件和一、二十通的電話錄音，進度報告今天要呈交，工作進度出了問題，一連串消極的想法和問題湧上心頭，如此可能影響你一整天，甚至整星期、整月、整年的工作態度。這個時候你必須要馬上停止這種負面想法，回到每天正常行程，想想童年的快樂，晚上回家和家人共餐的享受，和父母、朋友談話的愉快心情。想想，然後去做令你快樂、正面的事情。讓這些負面、不健康的想法由積極和正面的人生態度取而代之。

第六條：「記得讚美和批評的分界看似很模糊，有時其實是一樣的。」

在我們的生活和工作中，常常會受到別人的批評和不同意的觀點。想想看，除非你是完全虛偽，否則你沒有辦法讓所有人在所有時間滿意和同意的，在任何時刻，都會出現不滿意和批評你的聲音。即使在民主選舉中，所謂的「一面倒」(Landslide)，也不過是當選人得票百分之五十五的結果。還有百分之四十五的人，不同意他或她的立場，希望他或她不會當選。因此，即使候選人贏得一面倒的選票都要感到謙卑，不是嗎？在我們工作和生活中，會有讚美的聲音，但是也有很多批評和不同意的聲音。我們通常不知道如何去面對和處理批評及負面的聲音。這些批評經常使我們感到被拒絕、生氣和沮喪，進而影響到個人正面積極的人生態度。我們應當學習和瞭解接受事實，聽取批評和不同意的聲音是自然且正常的。

第七條：「記得人生是由許許多多試鍊組成的，有時得高分，有時得低分，這是正常現象。」

人生是由許許多多、大大小小的試鍊所組成的，大的試鍊像考高中、大學、駕照、留學、找工作、結婚、生子等等，小的試鍊像每天工作難題、交通、社會問題、孩子教養問題到日常所碰到不順遂的問題等等。當我們將人生的許多挑戰當成自己的試鍊，我們會學著去面對每一個困難而且將它看成另一個機會。即使有時我們被許多困難、問題和責任困住，只要我們記得這只是一個試鍊，只要勇於接受挑戰，你總有機會通過試鍊。在所有試鍊中，你不可能都拿滿分的，總是會被扣一些分數。但這扣分是正常的，是OK的。

第八條：「不要讓別人或自己設定自己能力的界限。」

常常我們很容易就聽到許多自我設限的態度和語言，「這個工作要求，超過你的能力」、「我的文筆不好」、「你的表達能力需要加強」、「我太忙了，我沒有時間去做這件事」、「我的口才不好」、「我的運動細胞不行」、「從小到大，你的書就一直讀不好」等等。一個人的心理力量非常大，通常大過身體和生理的力量。如果我們心理上已經自我設限，相信自己無法完成某一項任務，那麼我們就無法去突破這個心理障礙，完成更上一層樓的成就。當我們將自己能力設限，每當有一些小挫折發生，我們就會找許多理由，來解釋和辯護自己為什麼會失敗。不要讓別人或自己自我設限，一個人的潛力是無止盡的。只要相信自己，有了自信的心理建設，一點一滴去做，跌倒了再爬起來，最後一定會成功，而且可以完成別人所認為不可能完成的成就。

第九條：「每天撥幾分鐘，想想你很關心的人。」

在英文裡，有一句成語叫“An apple a day keeps the doctor away.”（每天吃一粒蘋果，幫助你身體健康不必去看醫生）。同樣的道理，每天去想想一個你關心的人，就不會生氣和沮喪，可以幫助你保持樂觀進取和向上的人生態度。每一天，當我有幾分鐘空閒和自己獨處的時候，我就閉上眼睛，深呼吸，然後想想我關心的人。很快的，腦海中就浮現了太太、小孩、父母、同學、同事、鄰居、親戚、軍中同袍，或小時候玩伴等等。當你的心思專注於想念你關心的人，你整個人就會往正面和積極的方向調整心理。這個積極和正面的想法不僅僅停留在你想念的人身上，更擴充到當天你所接觸的每件事。

第十條：「把今天當成你在地球的最後一天。」

美國有一首很流行的鄉村歌曲叫"Live Like You Are Dying"（過著你的生活，就像你即將結束生命）。歌詞說當主角知道患了絕症後，他開始更愛惜生命，更享受生命，他去高空跳傘，去爬高大的洛磯山脈，他去做以前想做，但是因為沒有時間一直延誤下來的事。而且他愛別人更深，他說話不再刻薄，他不再生氣，他更會體諒和瞭解別人，他改變了自己對人和對事的態度，他覺得每個人都應當有機會把生活過得就像是你在地球上的最後一天。事實上，沒有人可以預測我們到底可以活多久，今天的確可能是我們在地球的最後一天。可惜的是我們對人和對事的態度，好像我們永遠會活著。我們延誤許多我們深切知道必須做或者想做的事情，像和你所關心的人相處，關心和照顧你所愛的人，拜訪一個好友，回到母校，回到你生長的地方，到你最想去的地方旅遊，跑馬拉松，參加越野求生競賽等等。有時候，我們花太多的時間在煩惱一些小事情，然後忽略掉其他重要事情。如果你過的生活，就像今天是你生命的最後一天，你會體會到生命意義，珍惜生命，不要浪費生命在一些令人生氣和沮喪的雞毛蒜皮小事上。

「哇！真是大開眼界，您自己整理出來的『蘇氏抗壓手冊』對我處理個人和工作的逆境與培養正面的工作態度，似乎都可以產生很大的效果。我也一直在找這方面的書籍，我能不能把這手冊也當成我自己培養『熱愛你的工作』的座右銘，隨時可以研讀？」阿雄興奮的問。

「沒問題。你可以將這個『蘇氏抗壓手冊』和其他有需要的人一起分享，擴散到讓部門中的每一個人員都瞭解其中意義，進而培養強健的心理。你自己必須從手冊上學到人生和生命的意義，進而創造自己『熱愛』工作和人生的正面態度。最後你必須隨時學習，調整和綜合你的經驗，創造屬於你自己的『阿雄抗壓手冊』，然後分享給每位可以受益的人，就像我分享給你一樣。」蘇總愉悅的叮嚀。

教你自我心理建設的推薦書單

「還有其他書籍和建議可以幫助我有效執行領導與管理祕密的第一條：『熱愛你的工作』嗎？」阿雄問道。

《別為小事抓狂——得意人生一百招》

蘇總回道，「我建議你兩本書。第一本書是《別為小事抓狂——得意人生一百招》

(*Don't Sweat the Small Stuff and It's All Small Stuff*)，作者是Richard Carlson, Ph.D.。這本書總共列了一百項的例子，可以幫我們建立正確心理和擺脫許多雜碎和擾人的憂慮，是一本很好的書籍。尤其是對心理建設強度較弱的讀者，效果就更大。

《你的桶子有多滿？——樂觀思想的神奇力量》

另外一本書《你的桶子有多滿？——樂觀思想的神奇力量》(*How Full Is Your Bucket?: Positive Strategies for Work and Life*)，作者是Tom Ruth和Donald O. Clifton, Ph.D.。這兩位作者都是心理學家，在他們心理研究的計畫中，其中一項是研究美國在歷次戰爭中戰俘的心理狀態。從他們的研究中，發現了一個很奇異的現象。在韓戰中，被北韓控制的戰俘，有百分之六十到百分之七十的自殺率，其中有許多是在戰俘營中自殺的，也有不少是遭釋放後，回到美國才自殺的。這個自殺率遠比第一次、第二次世界大戰甚至越戰都高出非常的多。更奇怪的是，韓戰戰俘所受的待遇是最人道的。北韓沒有對戰俘嚴刑逼打，也沒有精神虐待，甚至提供了定時定量的三餐和休閒設施給戰俘使用。在進一步的研究中，他們發現北韓當時實施一種"Negative Strategies"（消極心理的策略）。

首先，北韓提供很好的衣食和設施給所有戰俘，然後告訴他們，他們不再是美國的軍人。這種作法，腐蝕了戰俘對國家的效忠和希望。然後，告訴他們所有人都沒有軍階而且待遇都是一樣的，消除了原有軍中官階指揮系統，相互信賴，幫助和服從的基礎。最後，沒有逼迫和拷打，這些好待遇，也消除了戰俘因為受虐而激發的追求生存的意志力。北韓進而封鎖和控制所有戰俘可以接觸到的信息，只有負面的信息，才會傳送到戰俘的手中。譬如說，有一封戰俘的父親寫給兒子的信中，這父親說他為他兒子感到驕傲，驕傲他是美國空軍的一分子，他也相信美國和南韓聯軍一定會打敗北韓，將所有的戰俘拯救出來，而且美國百姓支持美國軍人，也對所有戰俘犧牲和貢獻深切感激。但這封信從來沒有交到這位戰俘手中。

另一封信則是一位戰俘太太寫給她先生，信中寫道她已經等了他一年多了，而且她生活過得很苦也很單調，她不認為美國會有辦法救戰俘回到美國。同時三個月前，她遇到了一個很好的男人，經過交往後，他們決定結婚。這封充滿負面消息的信件，在美國郵寄日期第二天就送到那位戰俘手中。沒有多久之後，那位戰俘就在戰俘營中自殺。作者從北韓戰俘的研究中得到他們的結論：「一個負面、消極的態度可以毀掉一個人或一個團隊的生命力和活力。」他們進一步研究「如果負面和消極的環境可以摧毀掉一個人或團隊，那麼正面和積極的環境又可以帶給個人或團隊什麼影響呢？」

他們的研究綜合了以下結論（如表一）：個人和團體如果要保持高執行效率和正面、積極工作態度，接收正面與負面的思維、信息大概要維持在5：1比率。盡量接觸正面思維和信息，小心不能夠讓負面思維和信息佔據你的心思。讓比例少的負面思維幫忙你回到現實社會，而且不會太過於理想化，因為現實社會一切都會有問題、有缺陷的。

當你發現負面思維開始控制你的生活和工作時，想到5：1的比例。你需要五項正面的思維和信息，將思維調整到正面的一方。

阿雄盤算著這個正面思考的概念問道，「5：1正面比負面的思維和信息是非常有道理的，維持這5：1比例，就可以維持一個正面和積極的環境。但是，哪裡有那麼多的正面消息呢？尤其在我工作的高科技公司裡，公司的負面信息

表一

正面資訊：負面資訊	結果
10：1	烏托邦理想主義。過度樂觀，沒有危機感，不實際也沒有效率。
5：1	創造了正面和積極的環境。最有效率的個人和單位執行能力。
1：1	非常悲觀，沒有生氣的環境，沒有執行效率的個人和單位。

十之八九，不是嗎？」

「如果一個主管或領導者不刻意去經營和創造一個正面思維的環境，那麼整個環境就會籠罩在一個負面思維的心理下。」蘇總贊同阿雄認為負面新聞的確不少的想法，「看看現在多少國家、社會和公司，每天聽到、看到的都是非常負面的信息。這些信息累積下來的結果，造成青少年打鬥和暴力行為、集體自殺的盛行，公司職員因工作壓力過勞死等等社會問題。」，他接著告訴阿雄，在公司裡，去開創一個正面思維的環境，必須注意到以下兩點：

第一點：盡量找尋別人（部屬或同事）做對的事情

在領導與管理中，英文稱為"Try to find people do the right thing"。這是領導與管理上很重要的技能。我們的自然反應是注意和發掘別人做錯事情，但是很少注意別人做的好事情。這些好事情，不是被認為理所當然，就是被完完全全的忽略掉，這也就是為什麼社會上充斥這麼多負面和不好的信息。身為一位主管和領導者必須盡力去發掘和表揚所有做對的事和人。每天當我踏入公司大樓門口，看到公司的警衛微笑著對我打招呼，「蘇總，您早，您今天精神和往常一樣好。」他的招呼，能提升我一天工作的效率。進入辦公室，看到整齊、乾淨的窗戶、桌椅和文書，我知道清潔人員做了「好而且對」的事情。這些「好而且對」的事情幫助我有一個好的開始，去處理一天繁重的工作。如果公司的警衛和清潔人員，我們都可以發掘和感激他們所做的「對」的正面信息，那麼可以確信的是在我們的工作裡，有更多數「好而且對」的正面信息等待你去發掘和表揚。

第二點：事情是正面或負面，其實是每個人心理的選擇

有一個故事可以詮釋這個論點。一個國際製鞋公司，派了二位市場調查員到非洲調查鞋子市場潛力，第一位調查員回報說：「沒有一點市場潛力，在非洲大部分的人都不穿鞋子。」第二位調查員回報說：「非常大的市場潛力，因為大部分的人都還沒穿鞋子。」同樣的信息，心理的態度可以把正面的看成負面，也可以把負面看成正面的。這說明你的心理態度，可以決定正面和負面信息。如果你有一個強健的心靈，便可以控制你的心理態度，你可以左右「正面和負面信息的比例」。

就在這時候，辦公室八點鐘的鐘聲響起。阿雄一臉歉意，「蘇總，真是不好意思。今晚耽誤您和家人晚餐的時間。但是您今晚兩個半小時的教導，足以超過我工作上十年所學的。在和您說再見前，我有最後一個問題：您能不能描述一下，當我真正達到了領導

與管理的第一大祕密『熱愛你的工作』的境界，我心中可能會有的感覺。」

熱愛的最高境界

蘇總微笑點頭道，「讓我用三句我從國際會議學到的話來回答你。這個演講人是希捷(Seagate)——全世界最大硬碟(Hard Disk Drive)公司前執行長 Bill Watkins。當聽眾問他，你覺得什麼是一個勝利和有效率工作團隊的工作態度時，他回答三句話：

"Dance like nobody watches you."

『盡情的跳舞，就好像沒有人在看你。』

"Love as if you have never hurt."

『盡量去愛，就像從來沒被傷害過。』

"Work like you don't need money."

『努力工作，不是因為需要金錢而工作。』

我覺得這三句話，正是我今天所介紹給你第一大祕密的最高境界。」

內在革新後的新難題

很快的，三個月過去了。時序推到十月底的星期五，又到了阿雄和阿彬每個月聚餐的日子。阿彬和阿雄同時來到聚會的老地方。「阿雄，你看起來精神氣色比幾個月前剛當上主管時好多了。看來，你現在的主管生活應當是如魚得水，得心應手吧！」阿彬先開口。

阿雄馬上回應，「如魚得水是沒有，但是我個人和我的團隊的工作態度卻是改變了很多。阿彬，謝謝你介紹我認識蘇總，他真是一位了不起的人物。我學到，如果要成為有效率的主管和創造一個勝利團隊，你必須有正面和積極的態度，專注於『熱愛你的工作』。突然間，以前非常厭倦煩人的事，像產品測試問題、人事問題、研究技術問題和一些自己心理製造的無形壓力，例如產品出貨日期的延誤、上司無理的要求、壓低費用的要求，和成天無止盡的會議等等，現在都不再是阻力，反而成為挑戰。成功的接受挑戰，也成為我個人和部門向上提升的推動力。因為，在我們的心理態度上，工作不再是為了個人前途和財富，工作是為他人服務，是為了創造財富，增加就業機會，提升社會和百姓的生活品質。就因為我們在工作上的努力和成就，我們可以一起開創一個更美好的明天。」

「我真是為你高興，看起來你已經解決『領導與管理』的最大環節。一切似乎都已經進入軌道。」阿彬開心的說。

「雖然，我現在有一個具有正面和積極工作態度的團隊，而且工作熱忱十分高昂，每天似乎有用不完的精力和能量。但是，我發現我們部門，工作成果並沒有提升那麼多，我不知道到底出了什麼問題？」阿雄兩手一攤一臉無奈。

阿彬答道，「下星期一，不是你和蘇總第二堂『領導與管理』的實習課程嗎？你應該把你的問題向蘇總請教，他一定會提供給你一個滿意的答案。」

管理格言

世界公認最有效率的執行長和領導者，前美國奇異公司 (GE) 董事長，傑克威爾許 (Jack Welch) 說一個有執行效率和成功的個人必須具備有4E和1P：

- 4E是有體力 (Energy)、可以鼓舞他人 (Energize)、有執行力 (Execution)、有競爭力 (Edge)。
- 1P是熱愛 (Passion)。

傑克威爾許建議公司尋找人才時，最適當人選除了具備4E特質外，必須要有1P的特質。因為有1P特質的人選不僅有效率，熱愛工作，更熱愛所有人事物和人生擁有的一切。

UNIT 3

領導與管理的第二大祕密：「建立一個明確的願景和目標」

如何提升團隊績效？

今天是十一月的第一個星期一，阿雄來到了蘇總的辦公室。蘇總開口問道，「阿雄，跟我分享這三個月來執行和應用第一大祕密的心得吧！」

「在接受第一大祕密的指導——『熱愛』你的工作之後，我實際身體力行，同時也和團隊一起分享，現在我們都感覺到有一種非常正面和積極的工作態度。可以每天高高興興的上班，輕輕鬆鬆的回家。但是，我們這個團隊的工作成果似乎沒有明顯的提升，請問我是不是還缺少了什麼？」阿雄手摸著頭回答。

蘇總問道，「你有沒有『建立一個明確的願景和目標』，作為你領導與管理團隊的標竿？如果沒有一個清楚的願景和目標，你的工作成果是無法提升的。」

「什麼是願景和目標？沒有人要求或指導我，應該去建立一個明確的願景和目標。」阿雄疑惑的問道。

建立明確的願景與目標

蘇總說道，「今天，我要介紹給你的就是『領導與管理』的第二大祕密：建立一個明確的願景和目標。明確的願景和目標，英文稱為"Clear Vision and Goal"。為了讓你更容易瞭解第二條的真諦和實行的要領，實習課程將分成兩部分：第一部分大約需要九十分鐘，重點在於講解：(1)什麼是明確的願景和目標；(2)為什麼明確的願景和目標可以有效的提高工作效率；(3)如何去創造屬於自己的願景和目標。」

「在這個部分，你會學到許多有名的例子和故事，學習領導者如何創造獨特的願景。然後，鼓舞身旁人一起朝既定目標前進，達到夢想中的境界。你也會學習到一些技巧和必須注意的事項。如此一來，你所創立的願景和目標，才不至於流於形式和空談，而沒有實際增加工作效率的功能。」蘇總繼續說道。

「第二部分大概也需要九十分鐘，屬於實行方面：如何去建立你目前工作需要的願景和目標，如何去應用與執行它。這一部分分成兩個單元，第一單元是我的『願景和目標』。你有機會目睹一家營業額超過一千億的公司所規劃的願景和所設定的目標——包括短期、中期和長期目標。第二單元，我特別安排黃副理和你見面。他是我們公司第一線主管，主要負責新產品研發和應用。從他創造的『願景和目標』，你可以發現我跟他因為領導職位不同，所產生不同的願景與目標，但是彼此又具有關聯性，其中的相同點與不同點都是你需要瞭解的。更重要的是，黃副理的『願景和目標』和你現在所需要建立的有很多相似之處，你可以將黃副理在『願景和目標』的心得和經驗應用到你的工作上。」蘇總帶著鼓勵的眼神說著。

阿雄興奮的說，「那太好了，我們現在就開始今天的實習吧！」

願景與目標的重要性

蘇總有條不紊的道來，「首先談談願景和目標的關係，看看這張圖解釋願景和目標的關係（圖三）。願景是在金字塔的最頂端，是個人和單位最終的目標，因此也是最重要的。在創造願景和目標的過程中，計畫順序是由願景↓長期目標↓中期目標↓短期目標。這個程序可以幫助創造一個一致，而且環環相扣的願景和目標。但是在執行順序上，則是相反的，你必須從短期目標↓中期目標↓長期目

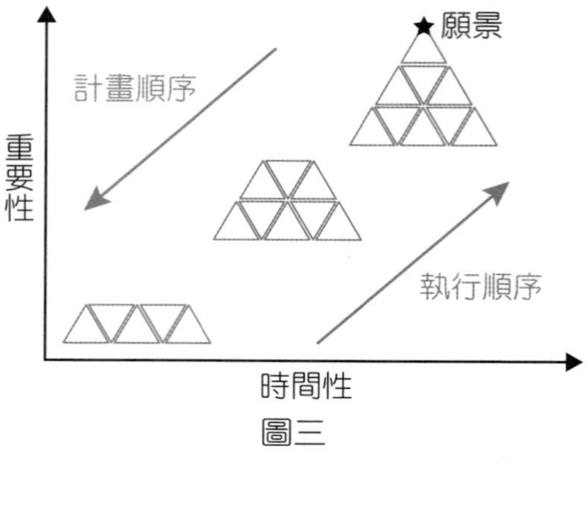

圖三

標↓願景，這個執行順序和古代建造一個金字塔是一樣的。先從底層開始到中層、上層，最後到達最頂端。」

「這張圖很清楚解釋了願景和目標的關係，但是為什麼有明確的願景和目標那麼重要呢？」阿雄不解的問。

蘇總回答，「阿雄，我們談到守則第一條『熱愛你的工作』時，我用了飛機和輪船的引擎來比喻『熱愛』的效力。唯有強大有力的引擎才足以遨遊四方、行走天地，才足以乘風破浪、衝破難關。用同樣例子，如果『熱愛』是引擎，那麼『願景』和『目標』就是飛機的雷達，輪船的羅盤，沒有雷達的飛機是出不了機場，沒有羅盤的輪船是開不出港口的。同樣的，不論是個人、單位或國家，即使你有滿腔的『熱愛』，沒有願景和目標就像汪洋中的一條船，漂漂茫茫，無所目標，最後，終會被大海所吞沒。」

「哇！您這段評論，真是一針見血的道出了我的疑惑也回答了我的問題，我一直不瞭解，為什麼在這三個月應用和執行第一條祕密時，我自己和我的團隊在工作態度上很明顯的有了一百八十度的轉變，我們熱愛工作，也為我們的工作感到驕傲，但是整體工作效率和成果卻不見明顯提升。現在我瞭解了，因為沒有明確的願景和目標，我們就像一架高技能、高能力的戰鬥機，只能夠在機場上空耗，英雄無用武之地。」阿雄回答。

「很好！你可以舉一反三，也很明白指出你現在的問題以及『願景和目標』的重要性。」蘇總回答。

虛無飄渺的願景？

「能不能夠跟您談談『願景』，這個名詞讓我覺得很遙遠而且不實際。如何才能創造出屬於自己的願景？」阿雄講出了心裡的感受。

蘇總回道，「其實『願景』並不是那麼遙不可及。事實上，我們每個人從小到大，時時刻刻都有『願景』，只是我們沒有用文字或行動具體表現出來。」

「願景」，英文稱為"Vision"，英文的基本涵義是指可以看到未來、洞察未來的能力。所以願景是向前看、向未來看的能力。因為這種能力，我們可以創造和描繪出未來的理想和景象。想想看，在大學求學過程中，你是否曾經有著強烈的慾望，希望畢業後能夠到全世界最頂尖的學術殿堂挑戰自我，攻讀學位？你的這個想法和慾望非常的強烈，無法動搖，你每天日思夜夢，不能忘懷。

剛開始，你對於自己這份「願景」還是十分模糊，你並沒有什麼特別計畫去實踐它。

但是，漸漸的，你的慾望變得愈來愈強，你覺得你需要從選擇目標，確定時間表開始著手準備，去完成你的「願景」。所以你開始選擇國家，比較美國、歐洲、日本等等高度現代化國家，比較優點、費用和學術地位等等。

也許，因為你的潛在意識或者是你的觀察，你認為你最想深造的地點是美國。決定你求學的目的地後，你對於去完成和追求心中的「願景」感到更加充實，而且同時感受到新鮮感、刺激感和恐懼感。這些不同的感受交織於心中，你的下一步的工作就是開始著手準備求學工作。

你首先收集留學美國的所有資料，然後你發現你需要具備相關的成績與學歷證明，透過準備相關文件、申請、等待通知、選擇學校、準備入學，一直到實際踏上異國，經過一連串的準備、期待與選擇，你完成了你當初的願景。這就是一個願景被實現的過程。

願景的特性

「從您剛剛提到出國求學的例子，我還是不瞭解『願景』和『慾望』有什麼不同？人生的每個階段，我們都有許多的慾望，像出國旅遊，到國外求學，找份好工作，有個健康身體等等。慾望和願景有什麼不同呢？什麼樣特性的意願才可以成為願景呢？」阿雄問道。

「要記得『願景』是你個人和團隊的執行指標，也是左右你每天工作的指南針，在許許多多的慾望和希望中，能夠成為個人和團隊的指標者，才是願景。」蘇總一邊回應，一邊講述了一個好的「願景」必須有的特性：

優越性和理想性

「願景」代表未來的可能性，對未來的憧憬。因此所追求的願景必須有十足的優越性與理想性。

獨特性

「願景」必須與眾不同，所要達成的效果和大眾所追求的成果有所區別。

未來性

「願景」是向前看，向未來看五年、十年，甚至百年、千年，而不是侷限於近期、短期的成果來考量。

「從文字上所描述『願景』的特性和如何創造個人願景，我想我有大略的概念和瞭解。如果就如您所描述的，『願景』是個人或者團隊執行方針，那麼在歷史上應該有許多偉大的『願景』，創造不平凡的個人和團隊的故事囉！」阿雄在瞭解特性為何之後下了簡單的結語。

「歷史上，偉大『願景』的例子比比皆是，它不但創造不平凡的個人或國家，更改寫了整個歷史。」蘇總回應道。

「什麼樣的『願景』可以改變歷史？」阿雄又一問。

「我舉三個案例說明『願景』對歷史的影響力。」蘇總繼續說道。

美國總統林肯的願景

美國總統林肯的「願景」是解放黑奴，解放黑奴雖然造成美國內戰——南北戰爭，但是，「解放黑奴」的願景，為美國創造了人人生而自由、平等的最大指導方針。由於林肯的「願景」，美國邁向一個完全尊重和擁護人民自由平等的國家，人人相信而且尊重

「自由平等是上帝所賜給人類的基本權利」。當大家羨慕和崇拜美國人的自由平等社會和精神時，不要忘記林肯的「願景」不僅創造了美國的歷史，更改變不自由、不平等的社會以及杜絕奴隸制度。

人權家馬丁路德．金恩的願景

美國人權家馬丁路德．金恩(Martin Luther King)。這位有名的黑人人權家在一九六三年八月二十八日，於華盛頓的林肯紀念堂，向世界發表了一篇很有名的演講，他的「願景」"I Have A Dream"。「我有一個夢想：夢想白人以及有色人種是平等的，夢想白人和有色人種相處像兄弟姊妹一樣。夢想我的小孩可以生活在一個完全沒有種族歧視、完全權利平等的社會。」因為馬丁路德．金恩的「願景」，美國社會得以由六〇年代之前種族分離，不平等的法律和規定（白人專用廁所、有色人種讓位給白人），轉變為六〇年代之後，社會平等，人權平等的國家。更有平權政策保障所有種族就學、就業、升遷和受高等教育的權利。自由、平等的美國社會不是從天而降，這個令人羨慕的國家和社會，是由於一個偉大人物的「願景」蛻變出來的。

蔣經國先生的願景

蔣經國先生立下「今天不做，明天就會後悔」的願景。七〇年代，在臺灣經濟和財力十分貧乏的條件下，蔣經國先生大力推動十大建設，建立臺灣基本交通、工業和能源基礎。再加上八〇年代，半導體高科技的重點發展，創造臺灣「經濟」奇蹟。當大家得以享受經濟發展所帶來的富裕生活，而半導體及電子產業均位居世界首位的同時，不要忘了這些成就是奠基於蔣經國先生的「願景」，才能造就今日的富裕。

這三個例子，說明了「願景」的影響力。它不但是個人、團隊、社會和國家努力的最佳方針，而且一個有理想、獨特的「願景」影響的是整個人類歷史。

「如果『願景』如此重要，影響這麼深遠，那麼，在我們創造自己的『願景』之前，必須深思熟慮，不可馬虎。」阿雄細細咀嚼蘇總舉出的三個例子，並說出他的疑問，「可是，您剛剛用到的例子，都是人類歷史上的大人物或是有地位的人。我可以瞭解，他們思考出來的『願景』是可以有如此影響力和號召力。像我這種小主管和大部分小老百姓談什麼『願景』呢？」

願景的力量

「阿雄，你錯了！我學到最有效、最有影響力，而且最令人津津樂道的『願景』，都是出自於一些平常人物和小老百姓。」蘇總一面笑著，一面說道。

阿雄興奮的問，「真的嗎？能夠介紹您所學到的例子嗎？」

洗衣店也能有願景

蘇總說道，「我知道好幾個例子，有些是國內的，有些是國外的。有一位跟我住同社區的洗衣店老闆，工作總是非常有幹勁，他說這是因為這家洗衣店，有他的『願景與夢想』。他對他的洗衣店勾勒了兩項『願景』，第一，洗衣的工作是照顧每位顧客，使他們的衣服正確的展現出他們個人的穿著品味；第二，他將每一件衣服都視為擁有生命的，會呼吸的，有自己獨有的個性與特質。一般人看似平凡的工作，他卻賦予一個全新的，更高層次的『願景』。當他將自己的眼光，以及思想層次拉高，本著他的『願景』，使得他總是加倍用心的處理每一件被送洗的衣服，這些想法與行為反映在外在表現上，讓他的顧客、員工們都可以感受到他的工作熱忱，不但洗衣店生意興隆，員工流動率也是同業最低的。」

「真是個好例子，我從來沒有想過一個平凡的洗衣店工作，可以有如此具影響力的『願景』。請問其他的例子呢？」

「如果，你覺得以上洗衣店老闆的『願景』不可思議，以下這個例子會令你更覺得驚奇。」蘇總回應。

清潔公司的願景

這是一個清潔公司主管許先生的故事。許先生的工作是外包所有清潔工作，包括洗廁所、倒垃圾、洗窗戶、整理辦公室、簡單的水電修理和修剪廠房外的花草等等。他帶領一班職員到工廠和辦公室，整理和清潔所有辦公室、廁所和四周環境，工作時間通常在凌晨，或者所有人都下班以後。

當有人問許先生，「你工作的目標和性質是什麼？」他回答說，「我的工作，是讓每個人高興和快樂，因此提高他們的工作效率。當有人打電話要求我們去整理辦公室，處理垃圾、修理水電、清潔馬桶和修剪花草等等，我們從來不覺得他們是命令，或是指揮我們去做這些工作，而我們也不是因為錢才樂意去做這份工作。我們總是覺得，這些客戶他們關心公司的環境，希望我們可以提供一個更好、更舒適的工作環境。當員工們享受到良好乾淨的辦公環境，水電服務和使用清潔的化粧室時，他們會因此高興、快樂，進而提高整個公司的工作效能。」

曾經有一次，許先生到一家常合作的公司，碰到該公司的工程師，向他打招呼說，謝謝你，幫我們種了許多花在辦公室的四周，那些花圃不僅好看，更是我每天抒解工作壓力的最佳場所。每當積壓的工作壓力太大時，或者工作遭到挫折，這一些花圃成了我必去的地方，即便五分鐘，或者十分鐘看看花，吸吸它散發出來的獨特香味，我的工作效率就又回來了，真是謝謝你。

許先生經常很自傲的說道，「我有一份全臺灣最重要的工作，而且絕對不會要求和別人交換工作。」他笑著說，「還有什麼比讓每個人高興和快樂，提高每個人工作效率更重要的工作呢？」

阿雄若有所思的接話道，「我猜想這家清潔公司在許先生的『願景』領導下，業績一定蒸蒸日上。乍聽之下，很難將洗馬桶、倒垃圾這些工作和許先生的『願景』→『讓每個人高興和快樂』串連在一起。但是仔細想一想，這的確有道理。現代人將日常盥洗設備和環境的整齊，視為理所當然。但是一旦沒有人提供這些服務去維護環境整齊時，它所影響的不僅僅是環境，而是每個人每日的心情和工作效率。愈想愈能瞭解許先生『願景』的內涵和影響力。」

女性的願景力量

「除了以上，我們剛談到洗衣店老闆和清潔公司許先生，所創造出不平常的『願景』。下面有二個例子，我要介紹給你的是二位女性的故事。大家都以為男人才有能力去創造屬於自己的『願景』，進而成就不平凡的工作。但是，女性也可以創造屬於她們的『願景』，進而完成令人尊敬的成就。」蘇總繼續說道。

第一位率領女性團隊登頂的女性隊長

這是一位有名的美國女性生物化學家，名叫艾蓮布倫 (Arlene Blum)，但是她會如此有名倒不是因為學術研究上的表現，而是因為她是美國首位登上聖母峰的女性。艾蓮生長在美國中西部的保守家庭，由祖父母帶大，自小就被呵護著，也不是一個愛好戶外活動的人。直到大學一次偶然的機會，與朋友一起去爬山，才引發了她對於登山的興趣，而後一次一次的挑戰山岳，在一九七六年，她成功的登上聖母峰，並成為第一位完成此項創舉的美國女性。不過她最令人推崇的並非這項紀錄，而是一九七八年十月十五日，率領一支十人女性登山隊，登上世界第十高峰（高八千公尺的安納普納峰，Annapurna）。

何以不過是率領一支登山隊，就可以讓艾蓮令人推崇？其實是有其時代背景意義存在。在七〇年代，一般世俗的想法認為女性在體能上是柔弱的，不足以克服高山峻嶺，也不具備領導管理的能力，根本無法率領隊伍去征服山岳。當艾蓮順利的率領一支女性隊伍完成不被看好的任務時，她們達成的不只是征服高山，她們達成的是打破世俗對於女性的刻板印象，並且證明女性也可以完成被視為男性專屬的任務。

在艾蓮的書中寫道，她認為她們可以完成這樣的任務，都是因為她們有相同的理想與願景，不單是挑戰山岳，而是「擺脫女性是『弱者』的世俗觀念，建立女性也可以完成不平凡任務的思維」。她利用這樣的願景，與她的隊友達成一致的目標，才能夠完成今日受人歌頌的成果。艾蓮證明了女性也具備領導與管理的能力與特質，自此之後，有愈來愈多的女性有相似的理想與願景，我們可以發現在歐美、東方國家等，女性逐漸在原本由男性主導的政治、職業和工作領域上嶄露頭角，並且產生影響力。

挑戰自己的平凡女孩

接下來要介紹另外一位因為願景的力量而產生執行力，完成了對自己的挑戰的女性。這是一個平凡女孩小薇的故事，她是一位體重過重的女孩，身高一百六十公分，體重高達八十公斤，但是卻成功的完成了耐吉(Nike)三天一百四十四公里，名為「戰勝癌症」而走的挑戰。當人們問她，支撐妳完成此項任務的原因是因為妳想減肥嗎？小薇的回答是，如果只是為了她個人的目標，她是無法完成這項辛苦的任務的，她的理想與願景是希望能有更多人注意到癌症的可怕，有更多人能夠投入防癌的行列。每當她多跑一步，多走一公里，都有人會捐款給相關醫療研究機構作為研究經費，所以在練習過程中每一次她的身體無法支持下去的時候，就會有一個聲音在她心中響起，「小薇，繼續走下去，妳的每一步都會讓妳更接近妳的『願景』，妳也會離幫助『治療癌症』更接近一步。」

「蘇總，這真是太奇妙了，您舉的這四個願景的例子，都是從日常生活常見的主角出發，本來不起眼的工作或行為，因為主事者有賦予自己目標與願景，於是造就了不平凡的結果。我是一個管理十位高級技術人員的公司主管，竟然沒有勾勒出一個屬於自己的願景，實在不應該。」阿雄摸著頭一臉慚愧的樣子說道。

目標的特性

蘇總說道，「沒錯，不管你的工作或職位有多麼渺小，每個人都應該有自己獨特的願景。瞭解願景的真諦後，現在我們來談談『目標』。在前面提到的金字塔圖上，願景是金字塔的最頂端，要登上最高點，我們必須由金字塔底端（短期目標），中層（中期目標），上層（長期目標）一層一層堆上去。那麼如何建立目標呢？」

一個有效率的目標應當具備以下特性：

可以衡量

衡量的方式可能是數字，可能是及格或不及格，也可能是紅、黃、綠燈顏色，代表目標執行狀況等等。如果，目標不能夠衡量，那你就不知道目標執行狀況。

實際的

必須是可以完成的，如果你所訂目標不切實際，不可能完成，那只是個空想，不是目標。

具有挑戰性

如果目標訂得太過容易，沒有挑戰性，不需要特別努力就可以完成。那麼雖達成目標，卻無法提升整體的效率和潛能。

蘇總繼續說著，「除了上述目標的三大特性外，目標的執行和制定也需要有時間性。目標的時間長短，會根據不同目標的特性而異，但通常目標是以五年為限。除非是一個國家的大建設，否則，超過五年的目標，是不切實際，也沒有迫切性了。因此，一個目標，依據時間長短和執行順序，可分為：(1)短期目標為一到十二個月；(2)中期目標為一到二年；(3)長期目標為二年到五年。」

執行目標的方式

阿雄問，「瞭解目標的特性和執行順序，制定了一個明確的目標後，接下來的問題是，如何去執行並完成目標，進而提升個人或單位的效率？甚至最後達到最高目標——願景？」

一個目標計畫和執行過程，通常依照以下幾個階段：

(1)首先根據目標特性和時間性，寫下你各階段的目標。

(2)接著著手計畫詳細工作進度和時間表，完成每一個目標。在時間表上，每一個階段，都需要有特別指標。每一個特別指標，需要有可以衡量的結果，瞭解執行成效。

(3)如果階段性指標無法完成或變得不實際，可以調整時間表和目標內容。但是，所有目標還是一定要有挑戰性，不能因為執行能力不足，而用調整目標來掩蓋團隊的缺點和效率。

(4)專注於結果。每個階段目標，都可以衡量執行結果，譬如像公司研發一項新產品、增加良率、增進品質、產量等等。

(5)慶祝每一個好結果和每一階段目標的完成。所有小目標結合起來才能夠完成最後的大目標。因此，慶祝和獎賞每一階段目標的完成。然後繼續追求下一個目標，永不停止。

「您以上所描述的目標的計畫和執行過程，為什麼要將目標執行分成許多階段性小目標，然後慶祝和獎賞每一小目標的成就呢？」阿雄不解的問。

馬戲團訓練法

「讓我用馬戲團的故事，來回答你這個問題，你小時候看過馬戲團表演和水上樂園海豚表演嗎？」蘇總問道。

「有啊！小時候，很訝異老虎和獅子居然能夠跳火圈並且接受指揮，海豚居然能夠碰到離水面如此遠的氣球。」阿雄回憶起小時候觀看馬戲團表演的畫面。

蘇總說道，「你知道訓練師是如何訓練獅子、老虎和海豚，去完成幾乎無法達成的高難度動作嗎？」阿雄搖著頭，「我完全不知道訓練過程是如何。」

蘇總從容的描述著訓練的方式，「為了讓老虎、獅子和海豚，去執行這種幾近不可能的動作，訓練師要將訓練過程分成許許多多小階段。在一開始，訓練師在地上畫一個像椅子大小的圓圈，在水中放一個氣球，每當獅子和老虎坐在圓圈內，或海豚去碰撞氣球，就會給一塊肉和一隻魚作為獎勵。經過一段時間後，訓練師就會慢慢增加圓圈和氣球的高度，獅子、老虎和海豚只有完成提高難度的動作時，才有肉和魚的餵食。想想看，如果訓練師一開始就要獅子和老虎跳上椅子，要海豚跳出水面，碰撞氣球，否則就不給予餵食，那麼那些老虎、獅子和海豚可能老早都餓死了。同樣的道理，唯有慶祝和獎賞每一個完成的小目標，你和你的團隊才能達到最後的目標。」

寫下你的願景和目標清單

這時，蘇總看看手上手錶，大概是上午九點三十分。蘇總說，「剛剛我們大概用了九十分鐘描述和講解第二條祕密『建立一個明確的願景和目標』。接下來二十分鐘，我會介紹我的『願景和目標』，之後，黃副理會接手你今天下半段的實習課程，下午五點鐘，你可以回到我的辦公室，我們來討論和總結今天的課程。」

阿雄說道，「謝謝您和黃副理的特別指導，我迫不及待想一睹您的『願景和目標』。」

蘇總從他的辦公室抽屜拿出一張紙，上面寫著：

願景

(1)成為全世界聞名的科技公司，並和全世界分享成功的經驗。

(2)幫臺灣賺全世界的錢，並且回饋到社會，提升社會和百姓的生活品質。

(3)用儲存的技術，讓人們隨時擁有和保持最美好和寶貴的記憶。

目標

長期（二至五年）

(1)成為最受歡迎的雇主。

(2)領導公司成為全世界前兩名的資料儲存公司。

(3)領導公司成為最賺錢，擁有最佳品質的資料儲存公司。

中期（一至二年）

(1)營業額成長每年百分之二十到百分之三十，利潤百分之十五到二十五。

(2)每年引進和培養新進人員四千人。

(3)培養中、高管理階層接班。

(4)每年減少廢料和工作傷害百分之二十。

短期(一至十二個月)

(1)成功推出第三代產品到市場。
(2)完成第四代新產品研究和設計。
(3)擴充臺灣、大陸和東南亞產能百分之三十。
(4)吸引最好的人才加入公司。

在看了蘇總的願景和目標後,阿雄有個疑問,「為什麼像您職位這麼高的人,您的願景和目標只有短短的幾百個字,我還以為應當是好幾十頁。」

「沒錯!所有的願景和目標必須可以寫在一張紙上,而且不超過三百個字。你可以讀一遍,以不超過兩分鐘為準。」蘇總繼續說,「這個目標和願景是我的指南針。每天,當我開始我的工作,或者我需要做一項重要決定時,我總是會閱讀這張紙。我要確定我個人時間、團隊時間、團隊資源和工作重點都用在執行公司所共同創造的願景和目標上。」蘇總又問:「還有其他問題嗎?我們可以在下午五點鐘見面時,再繼續我們的實習,現在,黃副理在二樓二〇五辦公室等著你。」

阿雄來到二〇五辦公室，眼見黃副理看起來像三十多歲將近四十歲的人。他和蘇總有一個共同特性，看起來是個精神抖擻，充滿能量的主管。

黃副理一面歡迎阿雄入座，一面先開口道，「阿雄，歡迎你到我的部門來。蘇總是一位很了不起的主管。他所傳授的第一大祕密：『熱愛你的工作』，和今天我們要討論的第二大祕密：『建立一個明確的願景和目標』，對我個人的主管生涯有很大的幫助。」

阿雄好奇問，「黃副理，您也知道第一大祕密與第二大祕密，這個祕密總共有幾條？你們公司的主管都應用它嗎？」

「這祕密共有五條。讓我賣個關子，我不說出第三、第四、第五大祕密的內容。我想，你如果要學，就應當從最好的師父學到武藝，蘇總是國際公認最好的管理者之一。另外，你問到是不是全公司主管都應用它？不僅僅是全公司主管，是公司上上下下每一個人都應用它。這五大祕密不僅僅可以應用在工作上，更可以應用在個人生涯、學業、家庭、社會團體、球隊和國家。我想等你完全瞭解這祕密的內容後，加上身體力行，你就會明瞭我所說的涵義了。」黃副理微笑道。

阿雄有點不好意思的回答，「謝謝您的介紹。是我太猴急，而且自不量力想把所有祕密一次學到，我還是應該按部就班。今天，我就專心學習第二大祕密。黃副理，您的『願景』和『目標』有哪些呢？」

很快的，黃副理從抽屜拿出一張紙遞給阿雄，上面寫著：

願景

(1) 幫助公司研發出全世界最好的儲存技術，並成為獨步全球的新產品開發中心。

(2) 貢獻我們所學和技術，幫人類創造最好的儲存技術。

(3) 創造一個正面和積極環境，讓每個人每天高興來工作，為自己的工作感到驕傲。

目標

● **長期（二至五年）**

(1) 研發前瞻性技術，足以提供 3~5 TB 的儲存容量的硬碟。

(2) 評鑑和共同研發，選擇下一代硬體設備足以提供 3~5 TB 技術。

(3) 培養二～三位具有潛力的管理階層，準備公司擴充計畫。

中期（一至二年）

(1) 成功測試通過 1 TB 儲存產品。
(2) 成功的轉移 1 TB 產品到生產線。
(3) 開始 300 GB 儲存產品測試和設計。

短期（零至十二個月）

(1) 每六個月至少增加 1 dB 解析度。
(2) 每六個月減少百分之五與設計有關的良率損失。
(3) 在十二個月以內增加 1 TB 新產品良率到百分之六十。

阿雄說道，「黃副理，您的『願景』和『目標』與蘇總有很多相似之處，但是您的目標，尤其是短期目標，有很多技術上的數字。」

黃副理自在的說，「我的『願景』和『目標』與我的上司到蘇總都有一致性。只是蘇總的目標，屬於策略性的，著重於方向；我的目標，屬於執行性，著重於執行成果和進度。所以我的目標都加以數量化。」

將目標數量化

阿雄認真的問，「為什麼要數量化？要如何數量化目標呢？」

黃副理一邊回答，一邊打開他的筆記型電腦展示了幾張圖表，「看看這圖。這一張圖（圖四）很清楚的標示我的短期目標，每六個月要增加解析度1 dB❶。直線代表預測目標　（1 dB／六個月或2 dB／十二個月）。三角形符號（▲）代表每個月的實際進度，有些月份增加很多，有些月份則維持原地。在科技技術發展上，你通常看到增進曲線就像爬樓梯一樣，幾個月就有一次重要的增進。現在是十一月份，從圖中，很清楚看到一月到十月份，所有加起來的進展是1.6 dB解析度。從一月到六月到十月份，我的團隊在解析度的目標上一直維持在每六個月成長1 dB的速度上。

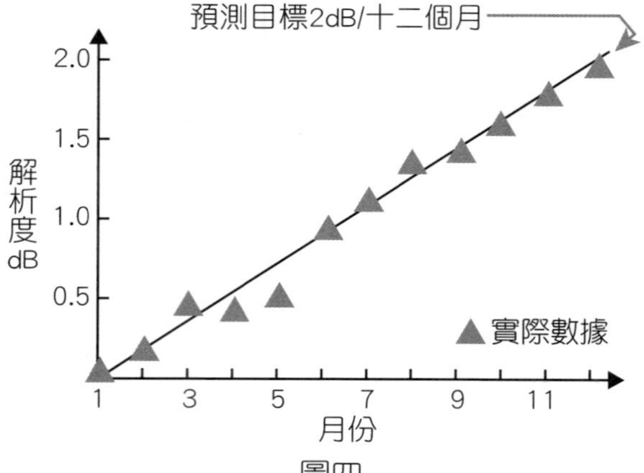

圖四

❶ 此單位為在噪音、雜訊之環境下，硬碟的資訊判讀能力，數值愈大愈好。

從這圖上的標示，不管是個人、團隊、上司到蘇總，都可以很清楚的瞭解目標推展和狀況。」

阿雄一看，發現所有資訊果真一目瞭然。

黃副理繼續說道，「再看看第二張圖（圖五），這張圖是評鑑我短期目標第二項『每六個月減少百分之五與設計有關的良率損失』。從這張圖上，可以很清楚的看出來從一月開始執行這項目標，設計有關的良率損失大約是百分之十二。從一月到十月底，所加起來的進展是從百分之十二減少到百分之六，實際進度落後百分之二（十月份目標百分之四）。」

阿雄這時忍不住說道，「哇！未達目標也清晰可見。」

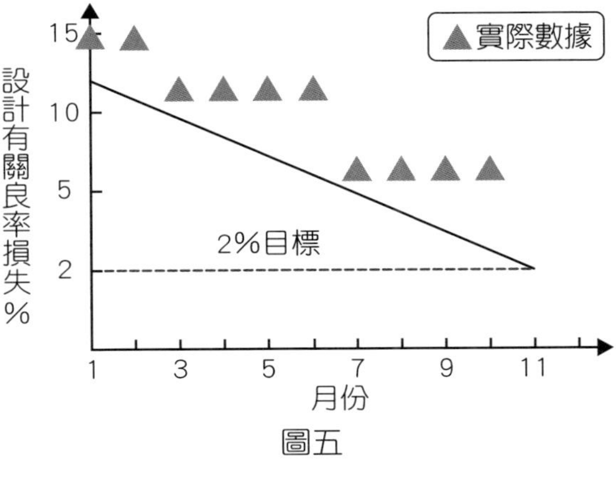

圖五

黃副理笑道，「沒錯，不過落後就要想辦法解決。當時發現落後的原因，主要是1TB產品設計上增加了很多新的技術，新技術所造成良率損失的補救，比以往更加複雜和費時。因為這張圖提供了實際的數據，公司決定增加人力和資源，執行這項目標。最後，這張圖（圖六）也是評鑑我短期目標第三項：『增加1TB新產品良率到百分之六十』。從這張圖，我們從一月份百分之三十良率一直改進到六月份百分之四十八至五十到十月份百分之五十五至六十。你可以觀察到在年底前，我的團隊應當會很順利的完成這項目標。在目標制定上，就如我先前說的目標（尤其是短期目標）一定要數量化、時間化，如此才可以評鑑進度。藉由數量化圖表，可以轉換成效率和執行能力的分析。公司執行主管可以利用這些圖掌握所有重要計畫和目標的進展數據。從數據來分析計畫進展程度，進而決定重大策略性的計畫，像擴產、增資、組織改組、擴大徵才等等。」

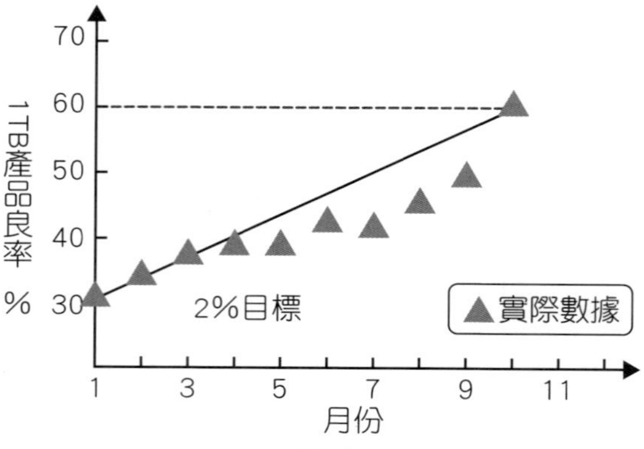

圖六

「黃副理，您所介紹的數量化圖表，可以用來評鑑目標的執行成果和效率，真是太棒了。這也是我一直在尋找的工具，今天總算找到了。」阿雄如獲至寶的回答。

黃副理又說道，「蘇總總是強調，愈到短期目標的執行層次，目標愈是需要數量化。唯有數量化，你才知道目標進展狀況，才可以知道離目標終點還有多遠。記得，蘇總經常舉例說明：明確的願景和目標就像飛機的雷達、輪船的羅盤指引我們到達目的地。如果你搭飛機，從桃園國際機場飛到目的地美國舊金山，數量化的目標，就像機上的飛航記錄器，告訴你現在在哪裡，是剛飛過日本海域，或者到達白令海峽，是否在正確航道上，離目的地還有多遠。一個沒有數量化的目標就像一架沒有飛航記錄器的飛機，是無法飛抵目的地的。阿雄，你還有其他問題嗎？」

「我的問題您都已經回答了，真是謝謝您的指導，下次有機會，可以再來請教您嗎？」阿雄誠摯的說。

黃副理愉快的回答道，「當然，隨時歡迎你。」阿雄辭別黃副理後，處理一下自己私人工作，下午五點鐘，他又回到蘇總的辦公室。

有效的執行方式

「阿雄，以下六十分鐘，我們一起討論今天學習的成果，我也可以回答你的問題。」

蘇總從容不迫的攤開他的記事本。

「到目前為止，我受益良多，由蘇總和黃副理的個人和團隊的願景和目標，我瞭解了願景和目標的重要性，也學會了創造屬於自己的願景和目標。黃副理所介紹的，以數量化圖表去評鑑和掌握『目標』執行狀況和效率，更是令我大開眼界，那也是我一直欠缺的工具。因此我要特別感謝您和黃副理今天的指導。」阿雄快速的為今天學習的新知做了一個簡單的總整理，並提出新的問題，「我有一個問題，當我們有了明確的『願景』和『目標』，我們如何去有效執行它？我們的工作行程常被許許多多雜事和瑣事干擾，總覺得二十四小時都不夠用，事情總是愈做愈多。我該如何解決這個問題，進一步地，可以更有效的去實行『願景』和『目標』呢？」

「這是一個非常好的問題，一個明確的『願景』和『目標』，如果沒有好的執行能力，那也只是一個裝飾的花瓶，沒有實際的用處。我用我親身的經驗來回答你這個問題，從這個經驗中，我也找到了解決的方式。」蘇總以爽朗的聲音，回憶起當時情景。

在二十幾年前，當我剛進入工業界，我是一位拼命三郎型的典型工程師。我的優點是非常專注，集中精力去完成目標，而且自己去處理大大小小的事，絕對不假他人之手。每一件我經手的事都是以最緊急方式來處理。我記得那個時候時常工作到凌晨一、兩點去完成實驗和生產產品，回家睡個五至六小時，然後早上參加十點鐘的每日生產會議，因為我要親自解釋、分析實驗結果。

這種工作態度和執行方式讓我成為一位有生產力的工程師，卻缺乏效率。我每天的行程總是上班、下班、回家、吃飯、睡覺再到公司，每天心中所惦記的就是實驗和生產。三年之後，我晉升成為第一線主管，管理三個技術員和二個工程師，我的職責也增加了，為了完成工作目標，我的工作時間更長了，我花的個人精力也更大，和家人相處時間幾乎是零。還好，當時我只是一位三十出頭的小夥子，否則，身體早就完蛋了。再經過四年，我又晉升成了第二線主管，負責管理五十人的團隊。我知道，如果我還是延續現階段的執行方式和領導管理，那是注定要失敗的。因此，我開始研究和創造執行「願景」和「目標」的有效方式。經過幾年的經驗，我整理出以下兩個重要步驟去增進執行效率：

步驟一：把握工作重點，建立工作優先順序 (Work on Priority)

既然我們談到時間的管理和工作效率的提升，讓我介紹一本書給你，這本書是《與成功有約》(*The 7 Habits of Highly Effective People*)，作者是 Stephen Covey，書中提到效率和時間管理的方式可以分成以下四類，如圖七：

第一類型的事件，是重要且緊急的：這類事件像產品良率問題、新產品開發測試問題、品質問題、到期的計畫等等。

第二類型的事件，不重要但是很緊急的：這類事件像突發會議、緊急電話、電子郵件和到期的報告，一些社交活動如慶生會、慶功會等等。

第三類型的事件，是不緊急也不重要：這類事件像電話聊天、網路聊天、玩電腦遊戲、逛網拍，一些工作無關的電子郵件等等。

第四類型的事件，是不緊急但很重要：這類事件像做預防錯誤計畫、創造願景和目標、建立組織、計畫和創造新的技術等等。我們從人們對這四類型事件時間的分配，可以歸納成四種不同時間和效率管理的類型。

第一類型：救火隊型（圖八）

這一類型的人，一天的工作和精力都花費在處理緊急而且也非常重要的事情，像良率問題、生產力問題、

圖七

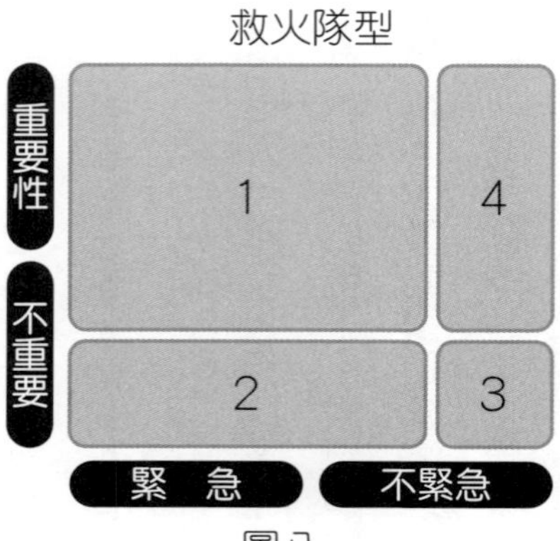

圖八

即將到期的增資計畫、出貨問題、產品品質問題、公司緊急人事問題……。大部分的公司主管或國家、政府單位的負責人和領導人，都屬於這一類型。

第二類型：皇帝不急，急死太監型（圖九）

這一類型的人，每天工作非常匆忙，一天的行程，取決於緊急但卻不重要的事件。每天從早到晚，有不斷的電話、電子郵件、會議、到期報告、每週現況報告、每天生產成果報告、公司每月慶生會、公司的團隊合作活動等，這一類型的人，雖然工作賣力，也很辛苦，但是執行成果卻不明顯。在許多經營不善的部門和公司，你可以發現很多這類型的人。

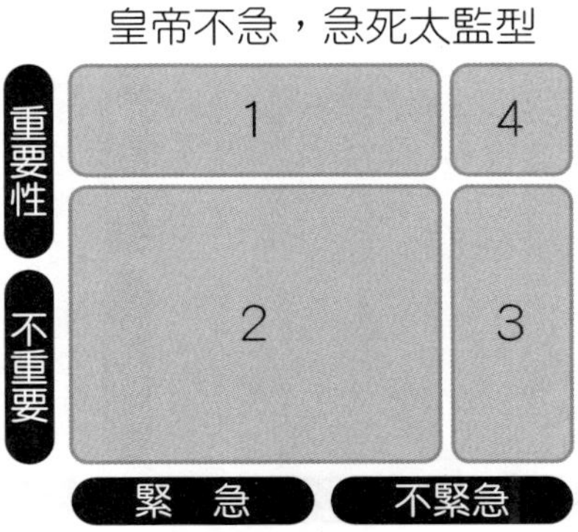

圖九

第三類型：無所事事型（圖十）

這一類型的人，每天拿著一杯咖啡或茶，提著筆記型電腦，每天在辦公室走來走去，參加所有會議，卻從來沒有提供解決方案，大部分時間，花在電話和電子郵件，和同事、朋友、親戚連絡，話天南地北，東家長、西家短，公司內部和外部馬路消息，外界的謠言等等。所專注的，既不重要也不緊急。你會很驚訝的發現，在單位和公司裡，有不在少數的人是屬於這類型，這種人就像蒼蠅一樣飛來飛去，沾東沾西，很令人討厭。

第四類型：計畫未來型（圖十一）

這種類型的人，主要工作是計畫未來，建立未來「願景」和「目標」。規劃未來組織架構，洞察未來情勢，規劃擴充和增資計畫等等。這類型的人，主要工作著重於策略性的工作，因此通常只有很少數最高級主管，需要這類型的時間管理方式。

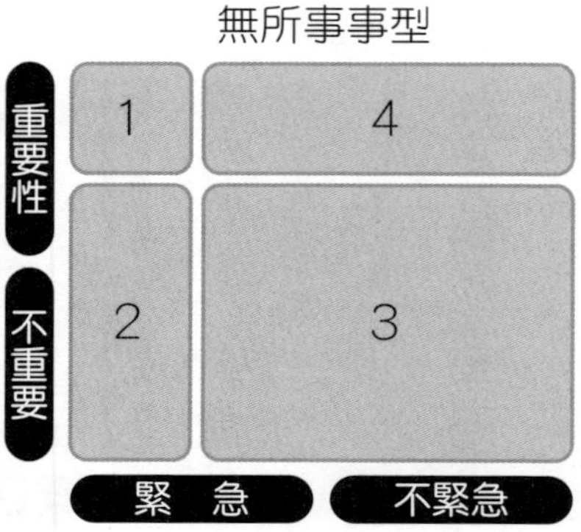

圖十

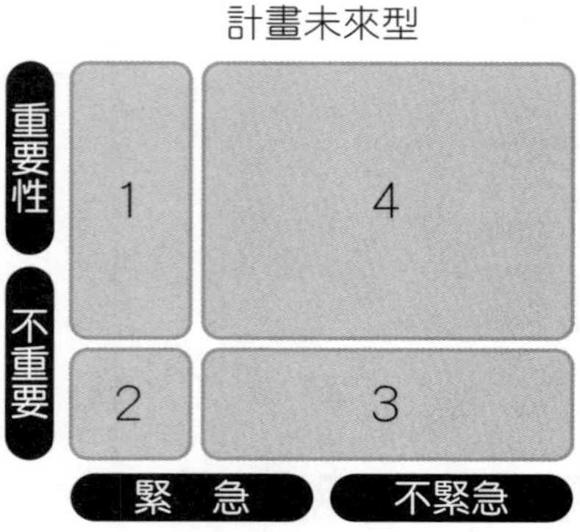

圖十一

高執行效率的領導類型

「對一般人而言，要成為一位成功、有高執行效率的主管或個人，我應當培養自己成為哪一種類型？」阿雄問道。

「我建議，有心成為高執行效率的人，或者想領導與管理一個高效率單位，應當成為一位平衡第一類型＋第四類型的人。」蘇總回答。

「平衡第一類型＋第四類型，為什麼呢？」阿雄側耳聽著。

「讓我用一個故事來回答你的問題。在古代時，有一位養鵝人家，有一天他突然發現，其中一隻鵝每天下一顆金蛋，開始，他並非十分注意，但是，一天一顆金蛋替這位養鵝人家創造一筆財富。不久之後，這位養鵝人家開始起了貪慾，每天一顆金蛋已經無法滿足他的慾望，他想要一次擁有所有的金蛋，所以，他將鵝殺死，剖開鵝肚子，卻發現連一顆金蛋也沒有。當然，死了的鵝也無法再下蛋了。因此，要成為一個有執行效率的個人和主管，你必須著重於第一類事件：緊急而且重要的，如金蛋，但是更重要的，你必須保持投入於第四類事件：不緊急，但很重要的事：組織和創造未來『願景』和『目標』，就像那隻鵝。因為，有了第四類事件才可以源源不斷的推出成果。有句名言：『今日的計畫是明日的成果』。因此，要有不斷的工作成果和效率，我們必須綜合平衡第一類型＋第四類型，就像以下這張圖（圖十二）一樣。」蘇總頓了一下，繼續說道。

「所以，一個平衡第一類型＋第四類型的個人和主管，就懂得把握工作重點，建立工作優先順序，將時間安排在最有效率的事件上。」蘇總為他的論點作了總結。

「這個鵝和金蛋的故事是非常有趣的比喻。反觀我自己現在的情況，每天只專注在第一類型的事務，而沒有花時間在第四類型上。我就像是一隻過分下蛋的鵝，沒有好好餵食和休息，這隻鵝又瘦又小，雖然，每天還是很辛苦的在下蛋，但可能很快就不行了。」阿雄若有所思的說道。

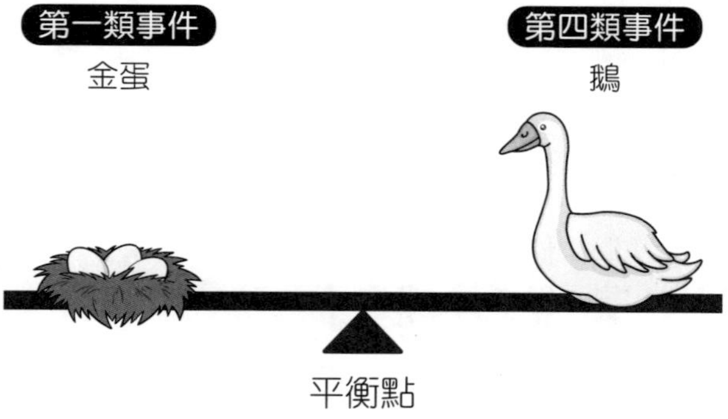

圖十二

蘇總讚許的說，「不錯，你舉自己的例子，相當的貼切，而且比喻得也很有道理，相信你已經掌握了步驟一，接下來要和你聊聊步驟二。」

步驟二：分職分權(Delegation)

為什麼分職分權是一項增加執行效率必須的步驟？你可以看看以下三種不同的工作執行型態和類型。

第一類型的主管（圖十三），是像超人一樣，什麼事都自己一手包辦，永遠都站在第一線，跳過所有執行人員，這種主管雖然工作很勤奮，但是效率很差，最後自己也無法負荷所有職責。

第二類型的主管（圖十四），凡事分職分權到執行人員，但是卻沒有完善的制度去指導每位執行人員，也沒有明確的「目標」和「執行成果」，結果造成混亂，沒有秩序。有些任務，同時有二至三個人負責而且重疊，有些任務，卻沒有人負責。

第三類型的主管（圖十五），有一套有效的分職分權制度，加上明確的任務目標。因此，任務執行起來，很有秩

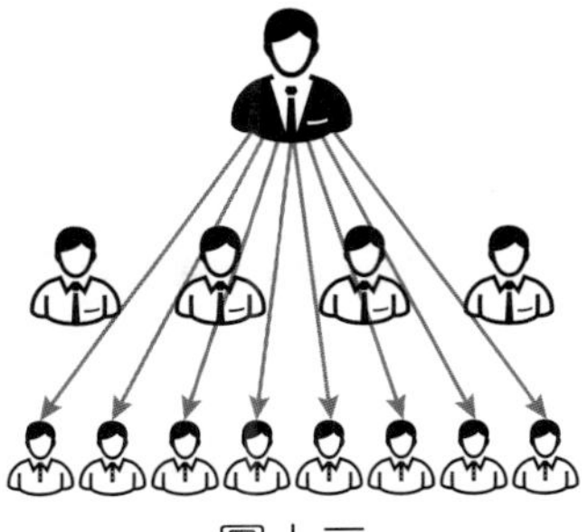

圖十三

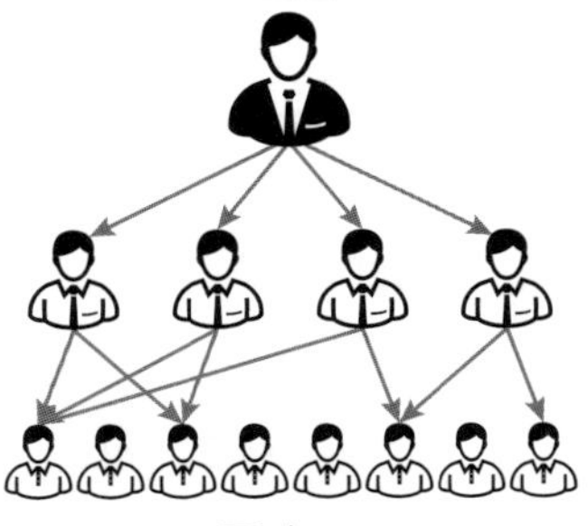

圖十四

序，有條不紊，職責權力也非常明確。

一位懂得分職分權的主管，他就可以產生所謂槓桿原理。從圖十六，很清楚的標示了分職分權的效率。在同樣工作量，利用分職分權，將槓桿的平衡點移向右邊。如此，就可以達到更大的工作成果。

蘇總接著說，「當我可以有效的分職分權給我帶領的主管，而且發展追蹤目標的狀況與成果的系統，我就可以花更多時間在第四類型的事件上。我的精力和工作重點，是培植和製造未來機會，計畫未來組織和結構的調整。要前瞻性的預測未來走向，準備調整公司方向，去爭取未來更大的成就。當然我還是需要花時間在第一類型，緊急的重要事件，但是那不應該花掉我大部分的時間，而是應該花很多時

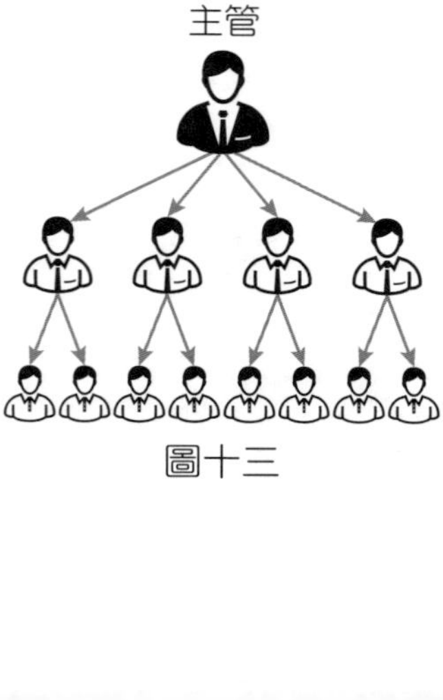

圖十三

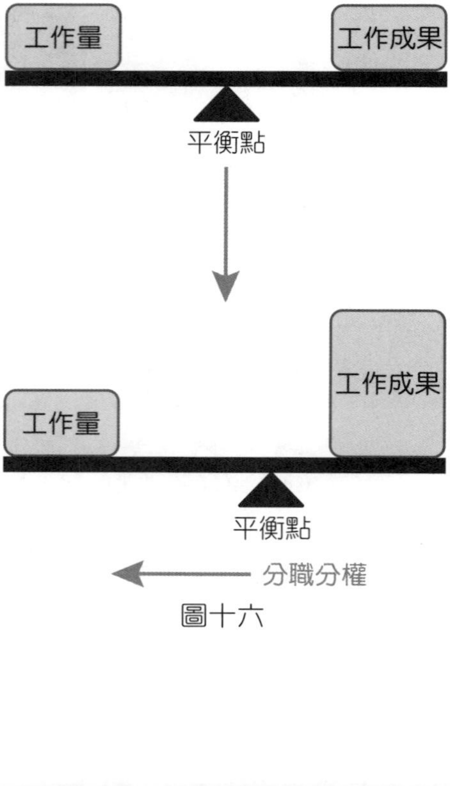

圖十六

間培養，如何加強團隊執行能力和開發一個更成功的未來。」

「真是謝謝您今天的指導，我學到了如何創造一個明確的『願景』和『目標』。我不但瞭解了它的內涵和重要性，更重要的，從您和黃副理親身的經驗，更給了我很多典範和建議，我可以好好加以學習和應用。今天下午，您所傳授可以加強自己成為一個有效率的執行者的二項步驟，也是我會努力學習和運用的項目。最後，在我們結束今天的指導之前，您能夠與我一起分享在高科技產業中，有關於『願景』和『目標』以及如何實現它的最好案例嗎？」阿雄意猶未盡的問道。

在宇宙中打出一個凹痕

蘇總回答：「賈伯斯創辦蘋果電腦的願景和目標是『在宇宙中打出一個凹痕 (Make a dent in the universe)』，他並告訴大家，不要成為『墳場中最有錢的人 (The richest person in the cemetary)』，應抱持著更遠大的理想。在這樣的指導下，蘋果電腦在這三十年來主掌了高科技的跨時代潮流產品。人們手中的蘋果電腦、手機、平板電腦等產品都是在賈伯斯『在宇宙中打出一個凹痕』的願景中產生的。蘋果的員工追求的目標和工作的原動力，不僅是為了追求個人的財富、名聲、地位，而是去改變世界、改變歷史等更遠大的目標，更重要的是，能在人類歷史中，作出不平凡的貢獻。

『保持自己的飢渴和純真(Stay hungry, stay follish)』。賈伯斯在史丹福大學二〇〇五年畢業典禮的演講中，告訴畢業生追求願景和目標最佳的方式，就是『保持自己的飢渴和純真』，追隨自己心中的憧憬，不斷尋找自己最喜愛的工作，不要過著別人為我們設計、期待的人生。他告訴畢業生應該『找出自己喜愛做的事(You've get to find what you love)』，在我們有限的人生中，應該多傾聽內心的聲音，憑藉著自己的純真和渴望，完成個人的願景和目標。」賈伯斯的願景和目標，對於現今矽谷的高科技業人才造成很大的影響。這讓全世界的創新人才意識到自己要追求的不僅止於成為富翁，而是要改變歷史並對全世界產生正面的影響。

掌握時間的智慧

看到阿雄如此認真的學習，蘇總馬上又補充了一個重要的關鍵，就是掌握時間的道理。蘇總利用兩個故事來強調時間的重要性，他是這樣說的，「當我們仔細想想第二大祕密：建立一個明確的『願景』和『目標』。不管是計畫或者執行『願景』和『目標』，都和時間有關係。如果一個人不知道有效安排和利用時間，是無法順利應用和完成第二大祕密。有二個故事，你可以稱它為『掌握時間』的真理和智慧。」

今天就在這裡

第一個故事叫做今天就在這裡(Today Is Here)。

故事是說，你有一個個人銀行，裡面有八萬六千四百塊錢，你必須每天用完，且不能保留、不能剩餘，如果你沒用完，在一天結束時，這個帳目就會歸零。這就像是每天早上，每個人都會有八萬六千四百秒，每天結束之前，每一分一秒沒有好好利用的都會被沒收。

你無法把沒有用完的時間，存下來以後再用，你也沒法借未來的時間用在今天。我們僅能生活和生存在現在這一刻，利用今天的時間去做最健康、最高興、最有意義和成功的事情。「時間」，我們可以好好使用它或是浪費掉。我們可以做的就是利用每一分一秒，去完成工作和用適當時間去計畫未來。因此，我們應該專注在想辦法應用有限的時間，而不是將它存下來。

一個有效率的個人和主管，把握每一分一秒，可以有效率完成很多的計畫，他也可以有個輕鬆、舒適的生活步調。他的目標是今天而不是等候明天，因為明天可能不會來到。

禮物

第二個故事叫禮物(Present)。這個故事，是從一本書叫《禮物》(*The Present: The Secret to Enjoying Your Work and Life, Now!*)的作者Spencer Johnson學來的。

英文的"Present"是「禮物」，也可以翻譯作「現在」，在英文中有雙重意義，而這雙重意義還有共同性。故事起源是這樣的，有一位年輕人，從小就在尋找最後的"Present"。他想只要找到這項禮物，就會從此快樂了。但是他不知道"Present"是什麼，他想大概是財富或者地位。就在他用全心全力去找尋最後的"Present"時，他卻發現當他花愈多心力，他愈不快樂。即使他有了財富和社會地位，他還是找不到"Present"。

直到有一天，他非常失望地一個人到山上去請教一位寺廟的長者。他問長者，什麼是"Present"，為什麼我花費了那麼多精力和心思，都追求不到？我如何才能追求到讓我永遠快樂的"Present"？

老長者回答他說，你找尋讓你永遠快樂的“Present”（禮物）就在“Present”（現在）。只要你從“Present”（現在）開始去追求人生目的和處理工作，你所追求最後的“Present”（禮物）現在就在你身旁。

這個年輕人恍然大悟，原來他所追求的永遠快樂是「現在」，而這個「現在」就在眼前，是唾手可得，只要你懂得如何去把握現在，你就會有永遠的快樂。事實上，沒有人知道這個故事真實與否，但是那並不是重點。這個故事的重點，是說明要成為一位快樂、有效率的個人和主管，你必須要把握「現在」。

阿雄的作業

「阿雄，在我們今天結束第二大祕密的學習前，我有個家庭作業，你需要在一週內完成然後開始運用它。」阿雄緊張的問，「什麼家庭作業？」蘇總接著指示道，「根據你今天所學習到的，第一、『創造』你自己明確的願景和目標，第二、把握『現在』去開創一個有效率和有意義的人生，追求人生最高的“Present”禮物，根據『願景』和『目標』去開創一支有效率的團隊。」

「我一定會完成您給的二項家庭作業，除了這項作業外，在未來三個月，我會更加努力去應用所學到第一大祕密和第二大祕密所有的指引和涵義。在下次見面時，我一定會呈上很好的學習成績單。」阿雄充滿朝氣的回答。

離開蘇總辦公室，在開車回家路上，阿雄仔細回想今天的實習課程，從飛機雷達、輪船羅盤的比喻，到「林肯」、「馬丁路德・金恩」、「蔣經國先生」的故事，再到洗衣店老闆、清潔公司老闆許先生、美國女性登山者艾蓮布倫，以及為杜絕癌症而走的女孩小薇；還有建立「願景」和「目標」所應具備的特性。蘇總和黃副理的團隊「願景」和「目標」也令人耳目一新，足以作為學習的榜樣。最後，他的思考回到蘇總所指導的，如何去把握工作重點，建立優先順序，廣用分職分權制度，去提高工作效率，過更充實的人生。蘋果電腦創辦者賈伯斯所說的「願景」和他於二〇〇五年在史丹福大學畢業典禮發表的演講所述，以及那兩個「把握現在」的故事也在他心中留下很深的印象。

阿雄的願景與目標

很快的，一個星期過去了。今天，蘇總接到阿雄的電子郵件寫著：蘇總，以下是我的「願景」和「目標」，歡迎任何評語和指教。

願景

(1)擊敗韓國、日本、歐美和其他國家的研發團，成為全世界第一的薄板研發和產品研發團隊。

(2)創造一支最有效率、競爭力和勝利的世界級研究和產品發展團隊。

(3)用每個人的才能、智慧和努力去貢獻所學，開發薄板技術和產品。為國家增進財富，為社會創造就業，讓人類享受最高品質的視覺產品。

目標

◎長期（二至五年）

(1)成功的提供和規劃第十代薄板技術和產品開發。

(2)提供規格和仔細計畫，與薄板儀器設備公司共同開發第十代薄板新儀器設備。

(3)培養專業競爭團隊和人員——包括派員到日本、歐美，情報收集和分析，制定技術和產品競爭策略。

中期（一至二年）

(1)成功的通過第八代薄板顧客規格測試，成為顧客第一選擇薄板供應商。

(2)轉移第八代薄板製程和技術到生產部門，成功的大量生產。

(3)完成第九代薄板技術和設計，開始產品測試。

短期（零至十二個月）

(1)提高薄板明亮度 10 mv／每六個月。

(2)經由設計改良，增加第八代薄板良率，每月提升百分之二十。

(3)增加第八代薄板小時生產量，每月提升百分之十到百分之二十（現在：400 面／小時，目標：800 面／小時）。

蘇總看了以後，回覆了阿雄電子郵件：「很好，很有創意的『願景』和『目標』。現在，去完成它，祝你好運。」

管理格言

世界聞名的領導與管理學始祖彼得杜拉克(Peter Drucker)和華倫班尼斯(Warren Bennis)研究發現：

- "Management is doing things right." 管理階層的工作是將事情做好。
  "Leadership is doing the right things." 領導階層的責任是決定什麼是好的事。
- 成功有效率的團隊必須有
  a. 有效率的管理階層去管理團隊成功的爬上每一階的樓梯。
  b. 優越的領導階層負責將樓梯緊密地固定於牆上。
  願景與目標就是成功的樓梯和堅固的城牆。

除了蘋果創辦人賈伯斯的願景「在宇宙中打出一個凹痕」之外，亞馬遜公司創辦人傑夫貝索斯(Jeff Bezos)則提出「創造不同的歷史(Make a difference in the history)」。他們宏觀的願景正是蘋果和亞馬遜得以成功的基礎。

UNIT 4

領導與管理的第三大祕密：「有效率的溝通」

判若兩人的阿雄

時間過得很快，三個月又過去了。花了六個月的時間練習蘇總所傳授的第一與第二大祕密後，阿雄迫不及待的想要將他的工作心得分享給阿彬聽。今天，阿雄和阿彬又相約老地方見面。一見面，阿雄先開口，「阿彬，你知道嗎？我現在的生活，不僅僅是工作時精神百倍，工作中總帶著一股衝勁，更重要的是我知道我每天的『願景』和『目標』。當我每天的精力和工作重點都投注在既定的『願景』和『目標』上，不只是心中充實多了，工作效率和成果也增加很多。」

阿彬高興的回答，「太好了，看你的外表和精神，就知道你最近生活和工作一定是順心如意。和你在七月份剛剛當上主管時的模樣真是判若兩人。那時候，你就像個糟老頭子一樣，哪像你現在活龍一條。」

點完了兩人的餐點後，阿雄喝了一口茶，接著說道，「在工作上，我又發現了一個新問題」，阿彬抬頭問道，「什麼問題？」

「這六個月來，因為蘇總的指導，我個人和團隊成員的工作成效和執行成果提升了不少。因此二個月前，我的工作職責也增加了一些，我的團隊從原來十個人增加到二十五個人。我現在不只負責產品開發，也負責所有前瞻性技術和理論的研究與開發。我發現我有一個很正面、積極的團隊，也很清楚工作目標。」阿雄自信的說道。

阿彬笑著問，「喔！這樣不好嗎？」

「話是這麼說沒錯，但是整體而言，大部分員工除了他們所負責的工作外，似乎對其他事情都很陌生，他們並不清楚公司狀況甚至整個團隊的現況，也不瞭解其他單位的執行績效。對公司整體策略，甚至公司最近發生的事情也是一無所知。所以雖然個人的工作效率都很好，但是整個團隊的工作效率表現卻不佳。那種感覺就像兩人三腳遊戲一樣，無法很協調而且高效率的朝相同方向前進。」阿雄繼續說道。

「更令我擔心的是，在許多場合，當我和屬下聊天和談論工作進度及目標時，由於大部分員工所有資訊都侷限於自己所負責的工作，在自己負責工作之外的資訊，除了不知道如何取得之外，也沒有一個正式管道可以彼此分享資訊。因此，當工作任務需要多重團隊共同執行時，就變得非常欠缺整體效率。這到底是什麼問題？」阿雄抓著頭，百思不得其解的道來這個新課題。

「在人力資源產業上這個團隊協調的問題，是我們經常聽到的『溝通』(Communication)問題，溝通是協調與統合一個或多重團隊工作效率中的一個重要因素。如果用足球隊做比喻，要成為一支好的足球隊，上場的十一個球員們，除了需要瞭解自己的位置和職責，更需要瞭解隊友的位置和職責，藉由球員互相的瞭解和場上的溝通，十一位球員在共同戰術指導及相互協調配合下才能完成一場好球賽。當然，我知道的只是皮毛而已，而且我也不是『溝通』這方面的專家。但是，我知道蘇總一定可以給你很好的答案。他的『溝通』能力，尤其是鼓舞團隊的技能，是園區公認第一。」阿彬點著頭，並簡單說明這個問題。

第三大祕密登場

今天是二月的第一個星期一，雖然天氣有點冷。阿雄迫不及待的一大早就來到蘇總辦公室。走進辦公室，一見蘇總，阿雄立刻很興奮的說，「蘇總早，首先要謝謝您所指導的『領導與管理』第一和第二大祕密，對我個人和工作而言，真是獲益匪淺。但是我一定還欠缺其他管理能力，需要繼續改進和學習。因為，我覺得從整體團隊效率的角度而言，還沒有達到應當有的目標。」

「很高興知道你的這六個月學習中，已經可以從生活與工作上看到實際成效。下一步就是你今天要學習的第三大祕密『有效率的溝通』(Effective Communication)。」蘇總微笑道。

「有效率的溝通？什麼是溝通？為什麼要溝通？什麼時候去溝通？如何去溝通？」阿雄急切的開口問。

溝通的方式：3W+H

蘇總回道，「你問的問題，我將用英文所謂 3W+H 來回答你，3W 是 Why（為什麼）、What（什麼事）、When（什麼時候），H 是 How（如何）。首先談談第一個 W——Why：為什麼要溝通。阿雄，你有沒有看過龍舟競賽？」

阿雄愉快的說，「當然，不只是看過，以前在臺灣南部讀大學時，每年端午節，在臺南運河都有龍舟競賽，我自己就代表系上參加過二次大專組比賽。」

「那很好，你知道龍舟競賽，主要組成是一位舵手，一位鼓手和多位划槳手，就像這個圖（圖十七）：如果要成為一隊快速龍舟隊伍去贏得勝利，首先要具備第一大祕密『熱愛你的工作』，就像很強有力的划槳手，再加上第二大祕密『明確的目標和願景』：舵手；第三大祕密『有效率的溝通』就等於鼓手。如果划槳手、舵手出槳與動作不一致，不管划槳手如何用力，力量彼此相互抵消，結果是費盡力量，但船速卻無法加快。所以第三大祕密：有效率溝通的功用就像水在混凝土裡，或像酵母在麵包上作用一樣，藉著第三大祕密：溝通，才足以發揮第一、二大祕密的最大功能。」蘇總一面說著，一面隨手在白板上畫著示意圖。

「哇！龍舟、混凝土和麵包的比喻，很生動表達出第三大祕密的重要性，也說明了前三條祕密之間的密切和關聯性。除了以上例子，您有沒有更接近科技公司的例子來說明『溝通』的重要性？」阿雄滿心期待的說。

圖十七

英代爾公司的故事

「有一個關於英代爾 (Intel) 這個公司的故事，可以用來說明『溝通』的重要性。阿雄，你知道英代爾這個公司吧？」蘇總馬上聯想到英代爾這個案例。

「當然知道，英代爾是全世界最大微電腦處理晶片公司。在每一部電腦上你都可以看到它的標識"Intel Inside"。」阿雄毫不遲疑的回應。

蘇總娓娓道來這家國際知名大廠的發展啟示，在八〇年代當英代爾還是一個很小的公司時，日本公司幾乎獨佔所有高科技和重工業的市場，包括車輛、電器、家電用品、晶片、半導體等等。為了學習和瞭解為什麼日本公司會如此成功，英代爾派人到日本見習，在學習過程中，英代爾的職員發現一個很特殊的現象，在辦公室的設計上，日本公司內部所有的員工從社長、副社長到初級職員都在同一辦公室中，桌椅的排列就像這個圖形（圖十八）。

阿雄插嘴說道，「這種辦公室排列方式在日本和早期臺灣都很常見，辦公室內部所有談話，可以間接的聽到。譬如說，當社長和客戶討論產品、價格、品質問題等等，或者是副社長和主管討論良率、生產效率、公司營業績效等等，甚至員工與員工間工作上的交換意見，全辦公室的人都可以聽得一清二楚，無形中，所有員工一直是處於溝通的狀態。每個人從社長到員工對公司資訊十分瞭解，不管是好的消息、壞的消息。從決策、目標到每天生產狀況，員工一直在交換消息。」

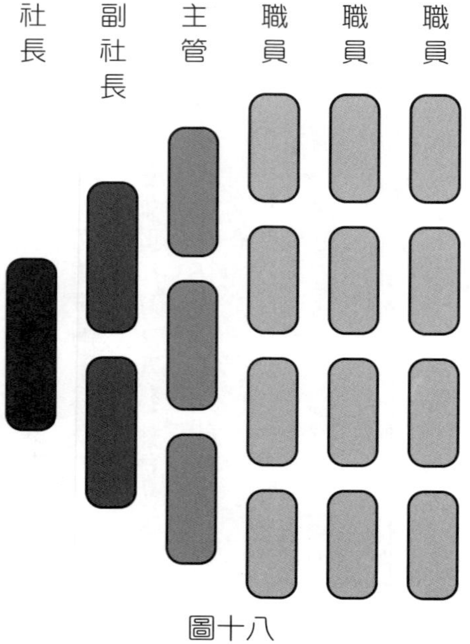

圖十八

蘇總笑著說，「沒錯，英代爾的考察人員發現，在八〇年代，當電話和傳真機是公司唯一的溝通工具時，日本辦公室設計是一項非常有效率的溝通環境。在每天的工作環境裡，每一位員工可以說是時時刻刻都直接或間接的在溝通。這有效的『溝通』也是日本公司在八〇年代成功，有高執行效率的重要因素之一。因為這個考察結果，英代爾辦公室設計，上至執行長下至基礎員工都使用沒有隔間的辦公室。這種辦公室設計在美國公司中是非常少數的。英代爾用這個設計就是為了要加強溝通，提升公司執行效率。」

「不過就因為座位安排居然可以造成資訊流通的影響，真不簡單。但現在的辦公室怎麼不大相同？」阿雄不禁提問。

蘇總解釋道，「一直到了九〇年代，當個人電腦、語音信箱、電子郵件、網路開始普及後，溝通方式也由傳統人對人，面對面，電話和傳真機演變成語音、電子郵件、網路等等高科技、高速率的電子溝通方式。美國公司很快的利用新科技去改變整個公司的溝通方式，藉由電子郵件、語音信箱和網路來架構成了一個非常快速而且有效率的內部溝通系統。相反的，日本公司和社長在接受新式的溝通方式和程度卻大大落後。日本一直依靠傳統面對面和電話的溝通方式，直到九〇年代後，在工作效率、市場佔有率和利潤等等漸漸落後美國，甚至跟不上其他亞洲的新興國家，造成這個結果的原因，就是公司溝通效率的不足。從西元兩千年一項調查數據顯示，日本仍有百分之三十的社長自己不用或不經常使用個人電腦或網路，由此可知為何日本近代會出現溝通效率不夠，造成企業競爭力下滑等等現象。」

蘋果公司 Mac 全球軟體開發者年會

蘇總繼續舉例，「從一九八〇年代開始，蘋果公司每年都會在舊金山舉辦全球軟體開發者年會。在會中，蘋果公司會向全世界的產品使用者展示最新的產品和技術。蘋果公司藉著這個直接、強有力的溝通方式，成功的讓使用者知道蘋果電腦有多麼的優良，讓許多最優秀、成功的人士都選擇蘋果電腦。為了打破 IBM 電腦在市場上的壟斷，賈伯斯告訴全世界的用戶，大家在購買電腦時有兩種選擇——加入海軍（IBM）或者成為海盜（蘋果電腦），不過海盜（蘋果電腦）比海軍有趣得多了（You can join navy or become pirates, pirates have more fun.）。在西元兩千年以後，蘋果電腦更藉著這個最有效的溝通方式，創造出 iPhone 和 iPad 等新產品，這些新產品除了具備不平凡的創新和方便使用等特色，最關鍵的是蘋果很擅長與消費者溝通，才能創造出一群忠誠使用者，他們願意徹夜排隊只為了能立即體驗蘋果最新推出的產品。」

「非常有意思的故事。英代爾和蘋果公司是兩間有名且令人羨慕的高科技公司，經過您的介紹，我才瞭解這兩大公司成功的背後因素都是因為它們具備了有效的溝通模式。這確實證明了溝通的重要性。」阿雄作了小結。

蘇總讚譽有加的說，「非常好的觀察。『溝通』之所以如此重要，都是因為有效率的溝通可以成為一項非常具威力的武器去擊敗競爭者，成為一支勝利團隊。我想以美式足球賽的例子來說明有效率溝通的競爭優勢。如果你看美式足球賽，你會發現很奇特的現象，教練和球員都戴著耳機，在場邊、場中、教練臺上不時透過耳機溝通戰術。在美式足球賽中，主教練、攻擊和防守教練，在賽前設定戰術後，在比賽中，所有教練和四分衛、防守隊長隨時調整戰術和下達攻擊和防守的戰術。所有的戰術調整和下達，都經由現場的溝通來完成。因此『溝通』成為關鍵性的因素，決定球隊的勝負。因此，在規則中，如果任何一支隊伍的溝通器材有問題，則另一支隊伍也必須關閉所有的溝通器材，以維持比賽的公正性。相同於美式足球賽的道理，在現代非常競爭的高科技商場上，成功建立一套有效的溝通系統將成為競爭的利器，一個跨國性和世界一流的公司，必須建立在有效率溝通上，才可以擊退競爭者成為世界上屬一屬二的領導公司，才足以成為永續經營的公司。」

阿雄似乎有了個頭緒，「我現在瞭解了，為什麼『溝通』是那麼重要；很明顯，如果要成為一個有競爭力的單位和勝利的團隊，就必須要有勝人一籌的溝通系統。在瞭解了

「『溝通』的重要性之後，下一部分的溝通是什麼？」

溝通的資訊類型

記得前面提到了3W+H，知道第一個Why，為什麼重要，我們下一部分要談的就是第二個W——What，什麼事情需要溝通。如果公司「溝通」的目的，是分享資訊以便提升效率和增加競爭性，那麼所有可以達到「溝通」目的的消息和資訊應當都屬於「溝通」的材料，因此從公司組織架構下，「溝通」的資訊可以分成以下三類：

第一類型：公司或團隊策略、目標和執行計畫

第一類型，多屬於策略型和計畫型的資料，注重公司未來的方向和目標以及執行計畫，去完成既定的目標。它包括以下：

- 願景和目標
- 願景和目標的策略和執行狀況
- 財務、營業額和利潤報告

• 市場走勢、經濟環境和市場競爭對手分析

第二類型：公司或團隊例行生產、研發和新產品現況及執行績效報告

第二類型的資訊，屬於執行性和例行性的資訊，大部分資訊報導公司現階段狀況和短期目標執行狀況。它包括以下：

• 每日和每週生產狀況及問題報告
• 新產品開發定期性成效報告
• 產品品質測試定期報告
• 前瞻性產品和技術成效報告

第三類型：公司或團隊人事、組織、行政和活動公告

第三類型資訊，多屬於生產和產品以外的消息，所有人事組織、行政、法律、活動等等。它包括以下：

• 公司活動

・個人事蹟和個人成就
・公益活動
・人力資源和人事升遷
・組織改造等

因此，在一個有效率的「溝通」架構下，第一、二、三類型資訊傳送和溝通是根據下面這個圖（圖十九）來運作的：

根據箭頭的指向，第一、二和三類型資訊傳到(A)：執行單位和部門，然後再由(A)傳送到(B)：屬下部門和個人。在整個圖中，需要特別提出來的，就是反向箭頭，反向箭頭代表執行單位和個人對公司資訊及政策的反映。這個反映，包括了個人建言、執行成效的分析、執行的路障、改進措施、個人關心和憂慮的問題等等。如果沒有反向箭頭就沒有員工的反映和建言，沒有員工的反映，所有由上往下的資訊，只是「命令」和「FYI

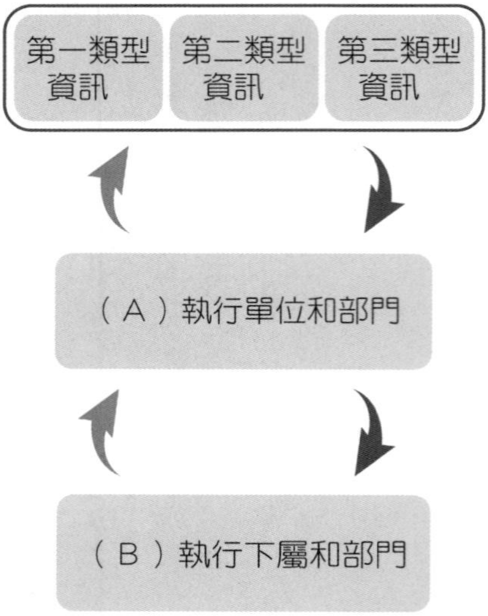

圖十九

(For Your Information)，僅供你參考」，不是「溝通」。溝通必須要是雙向的，唯有不停止的雙向溝通，才是一個有系統和有效率的溝通。

雙向溝通

「為什麼您特別強調雙向溝通呢？」阿雄發問。

「先前，我們談到『溝通』的目的是分享資訊，提高工作效率，成為競爭的優勢。如果『溝通』僅僅是單方向，你是永遠不可能達到溝通的目的。」蘇總說明，「我用一個歷史曾發生的災難來說明雙向溝通的重要性。在西元一九八六年，美國一架『挑戰者號』太空梭在升空中解體，太空梭上的七名人員全都不幸喪生。在調查過程中發現，太空總署的工程師在挑戰者號升空前已經發出警訊，機體上的O型環密封圈在低溫中可能會分解斷裂。但是這警訊卻沒有雙向溝通至領導階層，造成領導階層誤判情勢，允許太空梭在低溫下發射升空，才導致了這一次的悲劇。」

傾聽的力量

美國太空梭「挑戰者號」的故事，說明了雙向溝通的重要性和它所產生的重大影響。在現代高度競爭的環境中，雙向溝通對於一個有效率、高度成長的公司和個人尤其重要。當公司成長很快、很大，個人職位和職務增加很快時，很容易失去聽取屬下聲音的能力。因此，造成公司和單位的很大損失。這也就是為什麼，許多很好的公司在發展到一個規模後，失去雙向溝通功能，公司開始遲滯不前。最後，終於被市場和員工拋棄。你知道，中國古代的賢明君主，為了清明朝政，國家可以永續生存，都設有諫官，負責向皇帝反映天下百姓的心聲。以免天高皇帝遠，在上級的官員不瞭解下層階層的辛苦和聲音。在我們工作中，員工最深的無力感就來自上級主管聽不到他們的聲音。因此，要成為一位有效率溝通的主管，領導者必須從聽取由下到上的聲音開始。

阿雄又問，「我現在瞭解第一、第二和第三類型資訊需要溝通，也瞭解必須雙向溝通才足以達到有效率溝通的目的。那什麼是『建立有效率之溝通』的下一個步驟呢？」

蘇總回答，「你瞭解二個 W 後，現在我們要討論 3W+H 的第 3 個 W——When，什麼時候和場合溝通。除了日常例行的語音信箱、電子郵件和網路的溝通外，以下是我們公司現有的會議。從年度會議到不定時會議，所有主管和領導者，可以藉由這些會議和場合去建立屬於自己的『有效率的溝通』。」

蘇總整理了一個清單，清單上列出了各類溝通之管道。

年度的策略和目標會議，屬於第一類型資訊溝通

(1)時間：每年一次，在四月份第一個星期。

(2)目的：公司三年的長期策略和計畫的宣導。

(3)溝通議題：每年百分之二十成長率的執行策略、方針和目標等。

・執行策略藍圖：防守＋攻擊↓成長，如圖二十。

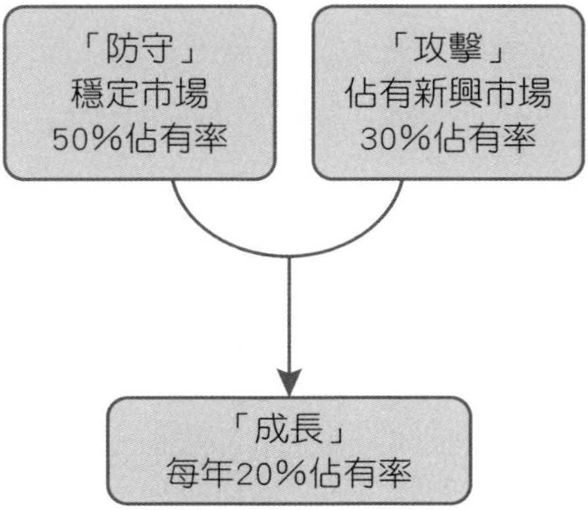

圖二十

每季的公司營運和財務報告會議，屬於第一和第二類型資訊溝通

(1)時間：每季一次，每季第一個月的十五日。

(2)目的：營運和財務報告。

(3)溝通議題：

・財務報告：營業額三千三百億、利潤兩百億、盈餘每股三十角。

・營運報告：

產品出口：一千萬臺。

市場分布：北美百分之四十、亞洲百分之三十、歐美百分之三十。

每個月的新產品開發，生產和計畫進度現況，屬於第二類型資訊溝通

(1)時間：每月一次，每個月第一個星期。

(2)目的：產品開發和公司生產狀況及進度的每月總結報告。

(3)溝通議題：包括新產品技術開發現況，通常包括許多技術圖表，像以下這張技術開發圖（圖二十一）等等。

・研發技術增進速度和預定目標技術增進狀況，如圖二十一。

・新產品開發和顧客測試現況報告。

・生產量和計畫出貨量現狀報告，如圖二十二。

・良率和品質現況報告及改進措施。

相較於每日生產會議，新產品開發會議不同的是，這個會議有深度結果分析、問題解析和完整的解決方案，會議可能歷時三至四小時。

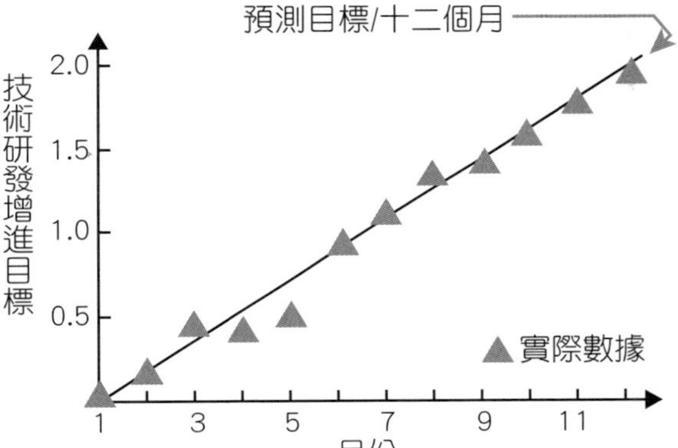

圖二十一

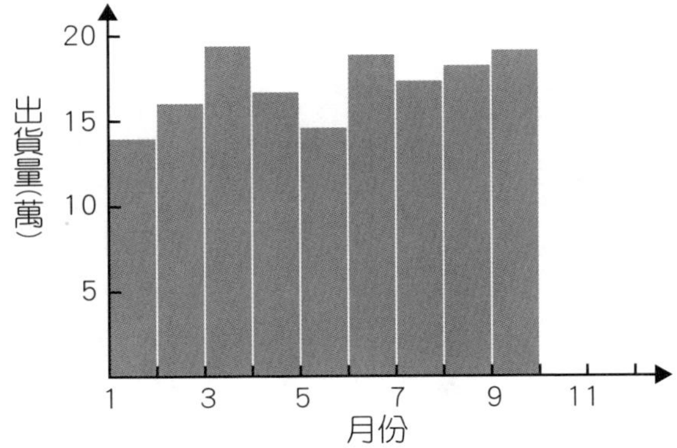

圖二十二

每個星期單位內部會議（第一、二、三類型資訊溝通）

(1)時間：每星期一次。

(2)目的：所有有關生產、研發、財政、人事、公司活動、組織等等。

(3)溝通議題：

・每個星期例行第一、二、三類資訊的溝通。

・瞭解各單位對公司溝通資訊的反映和建議。

每天的生產，新產品開發現況、問題、成果和解決方案例行會議，屬於第二類型資訊溝通

(1)時間：每天例行會議，通常在早上八點。

(2)目的：檢討每天公司運轉情況，提供解決方案和決定工作重點方向。

(3)溝通議題：

・每日生產報告包括產量、良率、品質及問題和解決方案。

・新產品開發，每日進度報告，包括技術開發增進速率、關鍵問題、瓶頸和解決方

案。

跳級一對一的會議（第二和第三類型資訊溝通）

(1)時間：不定時，通常每個月一至二次。
(2)目的：聽取建言，瞭解下層員工執行的反映和對公司政策的瞭解或批評。
(3)溝通議題：
- 員工工作狀況和執行成果。
- 對人事組織和行政措施反映與建議。

在辦公室、餐廳、工作場合等任何地點都可以溝通

(1)時間：不定時，隨時可以發生。
(2)目的：聽取建言和建立人際關係，以及資訊的交換，瞭解下層員工對公司觀感。
(3)溝通內容例子：
- 家庭、工作狀況、個人生涯的規劃，對公司的建議、方向和改良措施。
- 溝通公司的成就和照顧員工措施等等。

溝通會議的目的

「為什麼需要有這麼多的溝通會議，從年度策略到不定時的一對一會議呢？現代人不是用手機傳訊息就能有效的溝通嗎？」阿雄提到。

「一個好主管和單位就像新聞節目的主播和負責人。你必須隨時隨地，每日用不同形式、不同時段、不同內容的將新聞播放出去。因此，你有『重要消息簡介』節目，只討論新聞標題，通常只是五分鐘播放時間，這重大消息簡介就像年度和每季策略及財務溝通。你有另一個新聞節目叫『新聞追蹤』，這個節目就很仔細探討一個特別主題，做非常詳細和正確的報導。這種新聞節目，就像每個月新產品開發，生產和計畫進度現況的溝通。內容非常特殊也很詳盡。再來，『每日新聞報導』，這類報導內容非常廣泛，從國內到國外、財政、政治、社會、娛樂、體育等等什麼都有。這種新聞報導，就像每星期單位內部會議，包括所有公司有關資訊的交流。最後，一個完整的電視新聞網，一定包括地方新聞，由記者下鄉採訪新鮮、最勁爆的地方實況，將地方發生的新聞即時傳給棚內的主播。這類的新聞，在公司的結構裡就是每日生產報告，和不定時越級一對一的會議，這種溝通注重於真實性和交流性。一個完整的新聞需要包括重大消息簡介、新聞追蹤、每日新聞、地方新聞和即時新聞等等節目，來滿足各行各業的觀眾，以便達到最高收視率。在『領導』和『管理』的溝通上，也是同樣道理，你必須有不同溝通會議，才能有效的將資訊和新聞傳達到每一位需要知道資訊的員工。另外，現代人過度使用手機傳訊息，反而失去了面對面溝通的效能。簡訊溝通只是互通消息，沒有先前提到雙向溝通和傾聽的力量。我個人不會利用手機訊息來進行重大的溝通。」蘇總認真的回答。

如何有效溝通？

「您介紹我溝通的三個W——Why（為什麼溝通那麼重要），What（什麼資訊需要溝通），When（什麼時候需要溝通）。到目前為止，我想我有相當程度的瞭解。3W+H的H——How，怎麼去溝通，應當是最重要的一個步驟，尤其，像我對『溝通』技巧非常陌生，如何成為有效溝通者，應該是我今天實習的主要重點。」阿雄又問。

「沒錯，H——如何溝通是在『溝通』四大要素中最重要的。溝通的目的，是分享資訊，去成為一個有效率的團隊。那麼一個主管和領導者溝通的目的，不僅僅是分享資訊，更是說服你的屬下和你一起分享共同願景和目標，一起去打拚，去努力成為一支有效率和勝利的團隊。」蘇總開懷笑著說。

阿雄繼續問，「那麼身為一位主管和領導者，怎麼樣創立一套屬於自己的有效溝通呢？」

蘇總一面回答，一面寫下了幾個重點，希望阿雄知道，他說有效率的溝通必須具備二個要素。第一個要素是成為一個好的溝通者，從他多年的觀察和整理，一位有效率、好的溝通者通常具備外表和內在的特質：

外表特質：

正面、積極與樂觀的人生態度，再加上有力量的溝通方式和語言

一個好的溝通者通常是樂觀、熱情而且有十分正面和積極的人生態度，溝通方式也很有力量，用很多正面、樂觀和明確的語言。當我們遇到這種正面和樂觀的溝通者，潛意識下，我們也容易追隨他的指示，相信自己可以成為這高效率團隊的一分子。這類主管和領導者在他們的字典中沒有「放棄」兩個字，只有「成功」和「失敗是成功之母」

這類句子。

有生動活潑的個人魅力

一個好的溝通者，通常有較常人更生動活潑的個性。通常有較多微笑，說話速度較快，說話音量較大也清楚。可能比較會用手、身體等肢體語言來製造互動性和生動活潑的溝通。而且在打招呼時，除了握手問候語言，有時也會拍拍別人肩膀或兒童臉、頭等等較親密的動作。這種生動活潑的個人魅力，使人更容易拉近距離，產生互信效果，因而更容易達成溝通成效。

內在特質：

有強烈的個人決心、自信心和專注力

如果要成為一位有效率的溝通者，除了外在語言、個人魅力和生動溝通方式外，如果沒有強烈的個人決心、自信心和專注力，你是沒有辦法去說服他人，鼓舞追隨者和你一起去完成理想和目標。唯有主管和領導者有強烈的個人決心和專注力，自己相信的未來理想和目標，如此，才可以讓追隨者感受到你的決心，願意跟隨你為共同目標、理想一起努力前進。

接受挑戰，絕不退縮

另外一個有效率溝通的個人特質就是「接受挑戰，絕不退縮」。如果溝通的目的是說服屬下一起完成理想和目標，在執行過程中一定會遇到無數的困難和挑戰。一位主管和領導者必須有接受挑戰，絕不退縮的個人特質，才足以說服團隊、領導團隊去衝破困難，一起達成成功的目標。

言行如一、以身作則

有效率的溝通者必須是言行如一、以身作則。沒有人會長時間追隨一位滿口仁義道德、私下卻心口不一的主管或領導者。

阿雄忍不住追問，「從您描述一個有效率的溝通者的特性，似乎具備兩個外表和兩個內在的特質。當您在比較內在和外表特質的重要性時，您特別強調一個有效率的溝通者，必須有很健全的內在特質，這是為什麼呢？」

蘇總回應道，「如果你有正面、積極、樂觀的溝通方式和人生態度，加上有生動活潑的個人魅力，你很容易吸引跟隨者的注意力。短期間，大家都被你的語言和外表所吸引，因此追隨你、相信你。但是，如果一位主管或領導者只靠語言和外表去吸引追隨者，卻沒有內在決心、自信心和自己接受挑戰的內在特質，這種說一套，做一套的主管是不可能成為一位有效率的溝通者。沒有人會去相信和跟隨一位滿口仁義道德、私下卻心口不一的主管和領導人。因此，如果要成為一位有效率的溝通者，你必須具備有多項內在特質，這內在特質在短時間並不會吸引人。但是，隨著時間的增加，這內在特質所產生的效應卻是外表特質幾十倍的結果。這個效應可以用冰山這個例子來說明它的共同點。」

阿雄驚訝的問，「什麼冰山的例子？冰山和有效率溝通者的內在和外表特質有什麼關係呢？」

蘇總說道，「你知道古時，有很多船因被冰山撞擊而沈沒，如電影《鐵達尼號》(*Titanic*) 中的超級巨型輪船也難逃冰山帶來的撞擊而沈沒，就可以知道冰山的可怕。大部分撞沈船隻的冰山，不是在海洋上面的冰，而是在海平面下方的冰。

就像這張圖（圖二十三），在上面的冰就像一個溝通者的外表特質，藉由溝通方式和生動活潑的個人魅力，很吸引人，也很容易被注意到。輪船在大海中很容易看到，因此，很容易就避開。但是，在水下的冰山就像一位溝通者的內在特質一樣，可以非常大，也可以非常的小，輪船在遠處是看不到其中大小。除非，你將輪船開得很近，很仔細地觀察，你才會瞭解它的大小和威力。這個冰山的故事，描述了如果要成為一個有效率的溝通者去說服跟隨者，一起完成目標和理想，除了好的口才和生動的外表去吸引追隨者外，培養自己內在領導的特質才是最重要的決定因素。」

圖二十三

辨別好與不好的溝通者

阿雄又問，「當我們談到如何成為一個好的溝通者，什麼是『好』與『不好』的溝通者，有沒有實際人物例子我可以比較和學習的？」

「有啊！讓我舉一個對比的例子，來說明怎麼樣是一個有效率的溝通者？具備什麼樣的特性是一個很差勁的溝通者？」蘇總說完往椅背上一靠。

卡特總統的溝通

這兩個例子分別是美國第三十九任和第四十任總統，卡特和雷根。在一九八〇年，美國經濟蕭條、能源危機，加油站大排長龍；在外交上，發生了貝魯特人質事件，造成美國國內人民信心降到最低點。卡特總統在電視上發表全國文告，他說：「全國人民，我們國家現在正處於一個非常緊急的狀態。在經濟、內政和外交上都有很大挑戰。因此，大家要準備過苦日子，因為我們的經濟已走到成熟階段，不可能像六〇、七〇年代一樣快速發展。內政和外交上，因為恐怖主義的威脅和內部種族、政治團體的惡鬥，都會造成國家的不安定。因此，大家要準備一起來應付美國最困難和挑戰的時期。」這是一個非常差勁的溝通例子，當卡特面無表情，板著臉在電視發表了這段談話，美國民眾更覺得前途茫茫，不知所從，他們不可能去追隨這種領導者所提出的理想和目標。美國民眾的決定就是在一九八〇年總統大選把票投給雷根，讓卡特灰頭土臉的下臺。

雷根總統的溝通

另一個溝通例子是雷根總統。同樣的，雷根發表電視演說，他的生動活潑的表情，不時的微笑，幽默的語言已經吸引了每一位觀眾的注意力。雷根說：「全美國人民，謝謝你們讓我成為全世界最好、最偉大國家的總統。每天早上我一起床，我就很慶幸，很感激上帝讓我生長和工作在這偉大國家。這個國家由一群愛好自由、平等的祖先和百姓一起創造起來。這幾年來，這偉大國家遇到了許多經濟、內政和外交的挫折和挑戰，我也相信未來我們還會有很多挑戰。但是，如果任何人覺得美國的成就是過去式了，美國不可能再以同樣速度進步，我可以跟各位保證，你還沒有看到，親身領會到『最好，最完美的美國』。這個最好的美國就將由你我共同努力去完成。同胞們，讓我們一起迎接明天更燦爛的陽光。」雷根的溝通能力不但說服了美國民眾投票給他，成為第四十任總統，他更說服了美國民眾支持他的政策，包括減稅措施、擴大內需方案和擴大軍事設施和設備。當雷根在電視談話時，他的演講讓人感覺，他是一對一和你聊天，你不知不覺中選擇他成為你的領導者，也心悅誠服的跟隨他去完成共同理想和目標。雷根的溝通能力造成許多歷史改造。他的減稅政策幫助美國達到另一階段經濟高峰。他和蘇聯的外交、軍事政策，更造成蘇聯和東歐共產主義的瓦解和冷戰的結束。近代歷史學家和美國人民也都選擇雷根總統是「全美國最偉大總統之一」。而讓每個人提到雷根最大的致勝武器就是「最有效率的溝通者」。

雷根還有一個經典的溝通故事。在競選連任總統時，他的高齡成為對手和媒體攻擊的目標。在一次總統候選人的辯論中，主持人詢問雷根：「如果你再次當選總統，你將成為美國有史以來最高齡的總統，你覺得你會不會因為太老而無法擔當總統的重大職責？」雷根巧妙的回答說：「我絕對不會將年齡當成我競選的武器，來攻擊我的對手太年幼、沒有經驗。」總統年齡的爭議就在雷根生動、幽默的回答和溝通中消失得無影無蹤。

阿雄聽完卡特和雷根的故事，作了溝通者的小結，「綜合您前面所教導的如何成為一位好的溝通者，除了外表生動活潑、善用溝通語言和保持正面、積極的溝通方式之外，更重要的是潛藏的內在特質。一個好的溝通者，必須言行如一、以身作則，碰到困難則絕不退縮。當然藉由多觀察和學習其他的溝通者所用的語言和表達方式，也是幫助個人成為一個好的溝通者所必備的課程。」

有效率的溝通方式

蘇總微笑點頭，表示欣慰，並說道，「相當好的總結。接下來，我們要討論『有效率溝通的第二要素』：應用有效率的溝通方式。有效率溝通除了溝通者和溝通語言外，溝通方式也是決定因素之一。先前，我們談到日本公司錯失電子媒體溝通工具，因此，喪失九〇年代以後的競爭能力。所以，如何有效利用各種不同溝通方式，利用電子媒體所提供的科技去做有效、詳細和全面的溝通成為現代企業競爭中的一項利器。」

「蘇總，如果用您的公司做例子，您是如何利用現代電子媒體成為有效率的溝通工具，進而成為您在商場中競爭的有效武器？」阿雄好奇的問。

「像我們公司，一千億的營業額，將近兩萬名員工，散布在世界各地二十幾個國家。我們能進行面對面、個人和個人的溝通的機率非常小。雖然這種面對面、現場的溝通是我們覺得最有效率的溝通方式，但是，迫於現實，唯有建立一個有效率，和善用電子媒體和技術的環境，才足以讓我們公司像一條巨龍，讓所有部門有效率，在協調一致的步調下向目標和願景前進。」蘇總回答。

管理電子溝通工具

蘇總將他管理電子溝通工具的方式與阿雄分享，蘇總在內部主要靠電子郵件、語音信箱和網路會議溝通，尤其是電子郵件和語音信箱是他主要溝通方式。因此，如何建立與有效率運用電子郵件和語音信箱成為他工作和溝通最重要工作之一。在每天工作表中，一天平均有四十到五十通語音留言，四百到五百封電子郵件。在蘇總一天的工作中，大概每次三十分鐘到一個小時，分布在早上、中午，和下班之前三個時段處理和回覆所有語音留言和電子郵件。為了達成這項目標，必須有一套有效的語音留言和電子郵件的管理系統，否則一天的時間就會被這些語音和郵件所佔據了。蘇總的電子媒體溝通方式包括三個系統和準則。

一分鐘與一百字準則

所有語音信箱留言時間不超過一分鐘，電子郵件不超過一百字。重點留言，電子郵件回覆要言簡意賅，盡量一分鐘內完成。避免冗長、言之無物、浪費時間的溝通。

將聯絡人分類管理

為了建立有效溝通系統，蘇總建立團體語音信箱和電子郵件接收人信箱。因此，可以利用最少時間達到最快、有效率的溝通。譬如，在他電話和電子郵件的信箱，有以下快鍵語音和電子郵件系統。

#1：所有直接報告給我的人，大概七個人

#2：直接報告給我和屬下一級主管人員，大概四十到五十人

#3：所有一級主管以上人員，大概一百人

#4：所有二級主管以上人員，大概七百人

#5：所有員工等等……

因此，每次他只需要按一個鍵，和寫下團體電子信箱，就同時將語音和電子郵件傳送到不同主管和職員，散布到世界各地。

80/20準則

80/20準則其實是一個統計學的現象。譬如說全世界百分之八十人口居住在百分之

二十的土地上，百分之二十人類擁有世界百分之八十的財富，百分之八十石油散布在百分之二十的地球上等等。在日常中，有許多發生的事件和解決方式，也都符合這個80／20準則。從溝通的觀點而言，百分之二十語音和電子郵件決定百分之八十以上工作的重點。其他百分之八十的資訊僅僅會影響到百分之二十的工作成效。

漁網哲學

「根據80／20準則，我創造了一套漁網哲學。」蘇總接著說道。

阿雄問，「漁網哲學？有意思。」

蘇總語帶自信的說，「在我的漁網哲學中，將語音和電子信箱資訊分為三類，如圖二十四。第一類資訊就像小石頭，像一些雜事或者信息目的『僅供你參考』(For Your Information)，不需要我的注意力或決定，這一類資訊就可以直接通過漁網。第二類資訊重要性則如同漁網網格的大小一般，我的處理方式是直接向下授權給下層單位，最多僅僅給予適當指示，然後完全授權。第三類資訊的重要性，就像大石頭，大約佔所有資訊的百分之二十，我應用一分鐘或一百個字語音和電子信箱系統去處理這最重要百分之二十的資訊。這就是漁網80/20理論。」

「蘇總，您創造一個非常有效率的系統和準則，去善用現代電子媒體的功用。您將媒體所提供的溝通效能推到了另一個層次。為什麼您用這麼多心思和時間，去管理您的語音信箱和電子郵件呢？」阿雄想著蘇總過去的習慣。

「你知道人類文明的進化過程嗎？」蘇總自在的說。

「應該是農業到工業到電腦資訊吧！」阿雄回應。

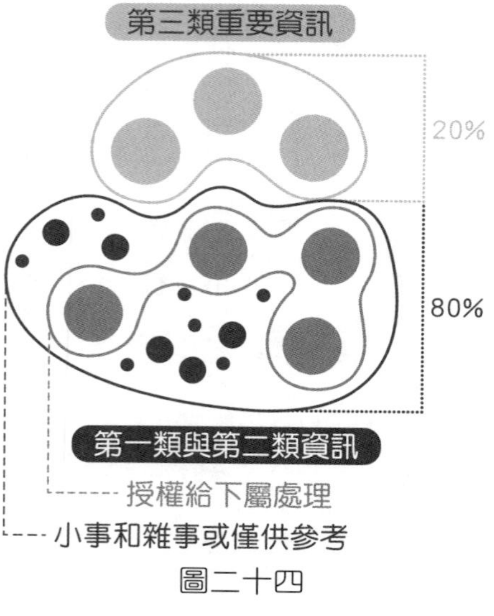

圖二十四

蘇總說明，「人類文明的進化史，大概可以分為狩獵時期、農業時期、工業時期到近代資訊技術時期。在這進化過程中，由一個時期轉換到另一個時期，主要的分辨點是生產效率(Productivity)，通常成長五十至一百倍。這個生產效率的增加由狩獵時期到農業，主要因為社會型態改變，由狩獵的游牧變成農業的群居，群居是以相互幫助、學習進而增進了生產力。從農業到工業時期，生產效率的增進，主要是因為機器設備的產能。一部機器足以生產取代一百個人的勞力。在現代，當我們從工業進入資訊技術時期，我們也會親身經歷到一百倍或更多生產效率的增加。這生產效率的增加則來自於人類學習去應用電腦、資訊傳達和溝通科技去增加生產，交換資訊，改良工作效率，因此，達到以倍數增加工作效率的成果。在二十一世紀，如何創造屬於自己的電子媒體溝通系統和處理方式，以及管理無止盡知識、資訊和消息，將成為現在主管最重要課題之一。唯有成為一個有效率的電子媒體溝通者，才可能打造出有效率團隊，才可以領導勝利團隊。」

蘇總繼續說著：「今天，我用了3W+H（為什麼溝通重要，為什麼要溝通，何時要溝通和如何去溝通）來介紹『領導與管理的第三大祕密：有效率的溝通』。講解的實習課程部分現在告一段落，接下來三十分鐘是"Q&A"時間，有其他問題嗎？」

英文溝通的窘境

阿雄有點遲疑的開口，「蘇總，還有一個要求，我不好意思開口。」

蘇總笑問，「什麼要求？」阿雄開口，「就如同您今天所引導的，有效率的溝通必須建立在自己要成為一位好的溝通者。溝通是我最弱的環節，每當我需要做技術上、人事上、計畫上的溝通，對象從上級主管、客戶到屬下，我總覺得非常不自然，而且沒有自信，每次遇到需要溝通的時候，我總是很緊張，即使勉強自己去做，溝通的成效也很差。尤其英文溝通也是我一大弱點，我們有許多客戶和廠商都是外國公司，每次和他們用英文溝通時，我都渾身不自在，許多時候是以中、英文摻雜在一起。大家告訴我這是我們東方人在語言溝通的通病和本性，很難改變。如果我要成為一個有效率的溝通者，真的沒有訓練和課程可以提升英文的溝通能力嗎？」

「是的，東方人通常欠缺有效溝通的能力，這和我們民族性有關。東方人比較內斂、保留，無法自然表現自己；再加上英文文法和東方文法在邏輯和思考方式十分不同，使得東方人很難表現流暢的英文。

相反的，西方人，尤其是美國人通常具有良好的溝通能力。當然，因為西方人有先天的樂觀個性和活潑的外在表現，是他們成為好的溝通者的基礎，但其實溝通能力和技巧是可以學習和訓練出來的，東方人也可以成為好的溝通者。即便對於美國人來說，在大眾面前演講和溝通也是一項令人恐懼的任務，在美國有句諺語是：『寧可自己是躺在棺木中的人，也不要是站在大眾前面讀祭文的人。』就生動的傳達了每個人對溝通、演說的窘境。由此可見，美國人之所以有較好的溝通能力，也是從小培養、訓練出來的。」

蘇總誠摯地回答。

「如果成為一位有效溝通者和英文能力都可以學習和訓練出來，那麼，我如何訓練我自己呢？」阿雄又問。

英文能力的訓練

蘇總分享美國留學和工作的多年經驗，「英文能力的訓練必須分成兩部分：

第一部分——英文讀、寫、聽和溝通的訓練。要加強這一部分，首先個人必須排除對英文的恐懼和憂慮感。只要能夠不害怕的去練習英文聽、說、讀、寫，利用機會和西方人或者有優越英文能力的人士用英文溝通，並持之有恆的練習，英文能力就會日增月進。在亞洲，我曾接觸到許多英文能力相當優秀的人才，這些人靠的就是不斷的練習。所謂『熟能生巧 (Practice makes perfect)』就是這個道理。

第二部分——英文語言邏輯和西方背景文化的瞭解。英文的邏輯和中文大不相同。譬如有人問你『你不需要這張椅子嗎？』中文回答是『是的，我不需要這張椅子』，但是英文回答則是“No, I don’t need this chair.”。回答中的『是的』和“No”就是文法邏輯的不同，這讓東方人在溝通時產生許多問題。除了邏輯以外，對於西方世界文化背景、社會的瞭解也是訓練英文能力重要的一環。在和外國人溝通時，除了工作的主題外，也可以分享文化、社會，甚至運動、休閒等不同話題，具備全方面主題的溝通，才是好的溝通。」

蘇總繼續說明，「增進英文能力最有效的方式是練習、練習、不斷的練習。在臺灣，許多人習慣於中文的溝通，看到英文標題的電子郵件就把它刪除，聽到英文的對話就沒有聲音。這從心裡懼怕英文就是幾十年來臺灣在英文教育作了大筆投資，進步仍十分有限的原因。在我們公司，我鼓勵員工在會議上用英文交談、用英文寫電子郵件、與客戶有關的所有檔案一切以英文為主。讓員工習慣於英文環境，就像在美國或外商公司工作一般。」

突破溝通的窘境(Jump over the Wall)

「也許，我可以用我自己的例子，告訴你我是如何改進成為一位有效率的溝通者以供你參考。在五年前，當我被提升成為產品開發副總經理時，因為職務的關係，大部分的時間需要放在客戶服務和產品測試的工作上，很多的客戶，都是歐美公司。在會議上，英文是溝通的語言。雖然，我在美國讀研究所，也工作了幾年，我認為自己的英文能力，應當是可以勝任這個任務。但是，幾個月下來，在會議的溝通上，我總是覺得非常緊張，沒有自信心，也非常不自然。尤其在會議上，當客戶回答說：『Pardon me.（你可以再說一次嗎？）』我就更加緊張，更沒有信心，懷疑客戶一定是聽不懂我的英文。當我愈是擔心自己的『英文』問題時，我的溝通能力和效率愈是低落。因為，整個會議和溝通過程中，我心裡的重點只是在語言『英文』上，而完全忽略了我所要表達和溝通的主題。」蘇總回憶起當時的緊張感，並以此為例。

釐清溝通的真諦

不過在之後的一次旅程中，蘇總終於發現了溝通的真諦，蘇總說到，他在一次出差機會，遇到一位大學同學，他在美國矽谷上班，在一家全美國第五十大的科技公司作研發工作。當向他提到我「英文」和「溝通」的窘境時，他和我分享他的個人故事，他的個人故事改變我整個溝通的概念。在他上班的公司中，他也和我有相同英文和溝通的問題。他也負責公司新產品開發和研究，因為職務需要，他們有一個客戶服務小組，這個小組的成員包括品管經理、市場開發經理、產品經理和新產品工程經理。在這個小組中，所有成員都是美國人，而他是唯一的ESL "English As Second Language"（英文不是你的母語）。在每次會議和溝通場合中，那些美國人的成員總是說得有條有理，清楚的分析狀況，每次溝通都點到重點。尤其是其中一位女性的產品經理，她總是可以將非常激烈的爭辯和衝突，轉化成彼此可以接受的建議，也總是可以很清楚的描述公司的主要論點和任務，然後，說服客戶去使用我們的產品。她在客戶和公司眼中是一位最有效，最成功的溝通者。因而，也成為最有實際權力的產品經理人。雖然，蘇總的大學同學麥克(Mike)，他是產品技術和設計上的專家，而且也是公認最有執行能力的研發經理，但是因為過分擔心自己的「英文」問題，造成自信心喪失，也阻礙了有效率的溝通。直到有一天，公司邀請一位「溝通」的專家，來訓練和增進整個團隊的溝通能力。在這項訓練中的最後一個項目叫"Jump over the Wall"，這個訓練主要是讓你消除在大眾演說和溝通的恐懼感。訓練中，每二個人一組，這兩個人彼此幫忙準備溝通的材料和語言文字，然後每個人輪流的發表你的主題。在你溝通的過程中，攝影機將拍下所有鏡頭，然後，這些畫面和聲音會重播出來讓自己和每一位學員觀賞，最後，大家一起檢討這個溝通好的地方和需要改進的地方。

我的大學同學麥克，當時非常的緊張，他不但擔心自己「英文」說的問題，而且這個問題今天會被放在「放大鏡」下當場被錄下來。然後，每個人都可以看到他差勁的英文和笨拙的溝通方式。更糟糕的是，他被分配和「最有溝通效率」的女性產品經理一組。在準備溝通材料過程中，麥克發現這位女性經理也非常緊張。雖然她不擔心英文用語，但她對攝影機鏡頭很緊張，因為，她從來沒看過自己的畫面，她對溝通主題的瞭解也不是十分有自信，因為她害怕文不對題。她連對當天儀容也很緊張，因為她害怕不上鏡頭。突然間，我的大學同學瞭解，其實每個人在溝通上都很緊張，而且，都非常注意自己的缺點。不管是言語上、表達上、用辭上、儀容上，乃至於內容和主題的瞭解度等等。在麥克完成他"Jump over the Wall"的溝通訓練後，大家一起觀賞影片時，訓練老師和學員說：「麥克的優點是：(1)說話錚錚有力，有十足自信心；(2)用語十分正面；(3)用許多例子來表達主題；(4)控制時間十分得宜；(5)儀表自然，身體、言語適切。需要改進的是：(1)增加和聽眾眼睛接觸機會，增加親切感；(2)溝通的材料顏色過多，容易讓人分神。結論：非常好且有效率的溝通。」麥克很驚訝聽到這麼好的評論，更驚訝的是自己差勁的「英文」，卻從頭到尾都沒有被提到是他溝通上的問題。

如何有效率的溝通

因此，麥克教導我如何成為一位有效率的溝通者。必須是：

專注於自己溝通的優點

保持正面、有效率溝通方式。態度樂觀、語調生動活潑以增加親切感。

專注於溝通主題

瞭解觀眾所需要的是什麼。

不必擔心自己缺點

很多自己認為的缺點，其實別人並不是很注意，都是潛意識所造成的，不需要過分在意。

如果，你可以隨時注意到這三點再配合上前面所提五項內在和外表特質，互相配合，隨時尋找機會練習，你就可以成為一位有效的溝通者。

六百個家庭的溝通例子

「蘇總，沒有想到您也有溝通能力的問題。您的教導給了我很多啟發，我現在有了所有的例子和範本，我一定會努力學習和應用，以便成為像您一樣有效的溝通者。」阿雄又問，「我知道今天又耽誤您許多寶貴時間。在最後，您是否可以和我分享一段您個人印象中最深刻『有效率溝通』的最佳典範？」

蘇總道，「我以自己的一個故事和賈伯斯賣糖水的溝通例子和你一起分享。幾年前，在我負責的一個單位，因為當地工資高，使得人力成本高，一直面臨關廠和結束營業的壓力。當時，這個廠房必須將技術轉換成更高階的技術，以增加競爭力，維持當地的營業。我挑選了一位中階幹部來帶領團隊，他是一位非洲籍工程人員，叫阿貝貝。在阿貝貝帶領團隊進駐廠房之前，他要我為團隊打氣，和大家進行溝通。在所有團隊人員的面前，我說，『各位，今天你們所要做的工作很重要，將會影響一千八百人的生活和他們的人生。』阿貝貝和其他人問我，『我們只是去開發新技術、量產新產品而已，和一千八百人有何關係？』我回答，『在這個廠房工作的員工有六百人，假設每位員工供養三位家庭成員。你們的成功與否，將直接影響這一千八百人的生活。在我們人生中，有多少機會可以用自己的工作來影響這麼多人的生活？』阿貝貝和他的團隊立刻說，『我們瞭解了。這給了我們最大的鼓舞』。於是，他帶領團隊帶著睡袋進駐廠房，所有人員一起努力到成功開發新產品、新技術為止。我除了對阿貝貝團隊的努力，也對我自己這次成功的溝通感到十分滿意和驕傲。」

賣糖水的溝通例子

蘇總繼續敘述另外一項溝通的典範，「在蘋果電腦發展的初期，因為兩位創辦人都十分年輕，因此董事會要求賈伯斯聘請一位有經驗的執行長。賈伯斯相當屬意當時百事可樂的執行長約翰史考利 (John Sculley)。約翰年僅四十多歲便成為一位很有成就的執行長，面對賈伯斯的邀約，他對於要在二十幾歲的賈伯斯底下工作，和執掌一家小小的蘋果公司興趣缺缺。在他們談話的最後，賈伯斯問約翰史考利，『你要賣一輩子的糖水，還是和我一起去改變世界？』在賈伯斯強而有力的溝通下，約翰史考利決定加入蘋果電腦，擔任執行長。賈伯斯這個溝通例子讓我學習到最有威力的溝通用語應該具備的要素——簡單、意義深遠、有爆發力。

我想六百個家庭和賣糖水的溝通故事就是我們今天課程「領導與管理」第三大祕密的總結。一位好的主管和領導者必須有效率溝通。有效率的溝通所產生的效果足以左右公司和團隊的成敗，一位好的溝通者更可以完成歷史不朽的成就，就像雷根總統和已故蘋果執行長賈伯斯。如果你沒有其他問題，那麼我們三個月以後再見。」蘇總一面說著，一面對阿雄投以鼓勵的眼神。

認真傾聽學習的阿雄吸了一口氣，知道他接著需要做的改變，並感謝蘇總的分享，如同對自己立誓般的對蘇總說，「謝謝，三個月後再見。」

步出了蘇總辦公室，看看手錶，現在是早上十一點鐘，回到辦公室，阿雄整理了今天學習的重點和總結。阿雄深深體會到他這三個月工作重點，必須像一位傳教士一樣，去傳播信息、去溝通願景和目標，去說服所有員工衷心追隨自己去完成單位的任務挑戰，並且自己以身作則，由自己做起，而後影響所有員工，一起為共同目標努力。

管理格言

美國戴爾公司的執行長和《透明的領導者》一書的作者Herb Baum指出：

1. 溝通是透明領導者最重要的特質。溝通代表一切。
2. 溝通是獲得股東信任，使股市分析師有信心，讓員工安心滿意和使公司成功的要素。
3. 成功和優秀的領導者必須知道何時溝通，什麼應該溝通，並且努力學習成為良好的溝通者。

溝通是企業領導者最重要的工作。一位優秀的領導者會花大部分的時間於溝通，並且用不同的方式，有效率的和員工交換信息。

UNIT 5

領導與管理的第四大祕密：「公平、公正、合宜的獎賞與懲罰」

團隊內部的矛盾

阿雄學會領導與管理的三大祕密後，他非常認真的將這三大祕密應用在他每天的工作上，甚至，應用到他個人生活中。在他不斷的努力學習和應用三大祕密後，他的領導與管理績效受到公司上級的賞識，他的單位執行成果和效率，也遠優於其他單位。

但是，最近幾個星期，阿雄一直被一個問題困擾著，在自己領導的團隊中，沒有一套系統，可以鼓勵和表揚工作成果突出的員工和團隊，對於部分個人和團隊所犯的錯誤也沒有措施去檢討和改正。這些問題持續的累積下來，已經出現了負面影響。績效卓越的成員覺得不被感激；績效差、常犯錯誤的少數員工也不知自己錯誤和改進之道。員工之間，從開始的相互抱怨，演變到彼此之間充斥敵意的氣氛。最後，竟起了語言和身體的衝突。整個團隊的合作和效率不但裹足不前，甚至有向後倒退的趨勢。

今天是五月的下旬，就像以往一樣，星期五下班之後，阿雄和阿彬又來到了他們的老地方。今天，阿雄一走進餐廳，就看到阿彬和蘇總已經先在西餐廳了。

阿雄很驚訝的說，「蘇總，您怎麼也來這裡用餐？」

「阿彬告訴我每月的最後一個星期五，你們會固定聚餐。阿彬自己也有興趣一起參加『領導與管理』第四大祕密的見習。」蘇總輕鬆的說。

「對啊！我也很需要學習第四大祕密，我想這對我來說也是非常重要的，就沾你的光一起請蘇總傳授功夫。」阿彬拿起水杯作勢朝著阿雄敬了一下。

「他告訴我，近半年來，你就像一位完全脫胎換骨的經理人。不但有積極向上的工作和人生態度，再加上高效率的工作成果，這些成就不但增加你工作職務的責任，也提升你的職位。再加上，這幾個月的實習相處下來，我發現你是一位非常有進取心但沒有耐性的人。你每次一發生問題總是迫不及待想找出解決之道，我想你現在應該又碰到新的『領導與管理』問題。因此，我建議我們下個月的實習，提前到今天。」蘇總笑著對阿雄說道。

「蘇總，您不僅僅是一位領導與管理大師，您還像是一位心理學和算命大師一樣，真是神機妙算，您怎麼知道我現在有無法解決的『領導與管理』問題？」阿雄吃驚的問道。

第四大祕密登場

「當一位領導者與主管遵循了第一～三大祕密的指導，整個團隊在一個積極、熱愛工作的環境中，加上明確的目標和有效率的溝通，結果會產生很多優良成果，但是在執行過程，也會發現少數的瑕疵。如何有效率去獎賞優良的工作成果，和矯正少數的錯誤，將成為下一個重要的步驟。」蘇總向阿雄解釋他的「料事如神」，「如此，才能領導管理團隊邁向更進一層的境界。這就是今天我要介紹給你的『領導與管理的第四大祕密：公平、公正、合宜的獎賞與懲罰』，英文稱為"Fair & Appropriate Reward & Reprimand"。」

「如何應用獎賞與懲罰去提高團隊的執行效率和士氣呢？」阿雄好奇的追問著。

員工性格的類型

「在我們討論獎賞和懲罰的效率前，讓我用幾個問題來引導我們今天的主題。首先，一個公司和團隊是由什麼組成的？什麼是決定團隊效率的最重要的要素？」蘇總詢問道。

阿雄搶著回答，「個人啊！不論是什麼產業、什麼技術、什麼工作性質，人是組成公司單位的最主要的要素，也是決定工作成效和公司成敗的最大因素。」

「很好，這也是正確答案。作者 Douglas McGregor 在一九六〇年的 *In the Humanside of Enterprise* 一書中提到，世界上存在二種類型的人。第一種是(A)類型，這類型的人認為工作是很無聊的。具有惰性，而且沒有向上性，除非不時的鞭策，或者用錢去收買和差使才能使(A)類型的人努力工作。第二類型則是(B)類型，在工作上的性格態度是非常享受工作的樂趣，工作就像在渡假和遊戲一樣的有趣。工作上被肯定、嘉許和自我求知的感受與薪水同樣重要，這就是(B)類型的人，追求創新能力，也隨時尋找機會和工作任務。我的第二個問題是：你認為在一個公司和單位裡，人們在工作的本性是屬於(A)類型還是(B)類型。」蘇總丟出第二個問題，並期待著阿雄的答案。

「我想是(A)和(B)的混合吧！成功有效率的公司，屬於(B)的員工佔大多數，失敗沒有效率的公司，員工呈現(A)類型工作態度大概佔主要部分。」阿雄帶點遲疑的說出他的答案。

蘇總笑道，「非常好而且正確的答案。接下來第三個問題，如果要把一個公司和團隊由大部分Ⓐ類型員工轉變為Ⓑ類型員工，一個主管或領導者需要倚靠什麼呢？」

「是不是第四大祕密：公平、公正、合宜的獎賞與懲罰？」這次阿雄比較肯定自己的答案。

「完全正確。你看看下面這張圖（圖二十五），當主管和領導者有一套公平、公正、合宜的獎賞和懲罰制度，就像槓桿平衡原理一樣。Ⓐ和Ⓑ類型的員工由實線方框變成虛線方框的圖，這個圖明白的顯示藉由公平的獎賞和懲罰才可以改變員工工作的本性，由Ⓐ類型成為Ⓑ類型。」蘇總一邊從公事包拿出圖表，一邊說道。

阿彬也問了他的第一個問題，「公平、公正、合宜的獎賞與懲罰和你指導阿雄的第三大祕密有什麼關連和互補功用呢？」

蘇總答道，「當一個團隊和公司有了熱愛工作、明確的願景和目標、有效率的溝通之後，整個團隊是朝一個成功的方向行進著。如果利用前幾次實習舉例的飛機和輪船例子來說明，就像飛機和輪船正朝向目標地快速的前進，而這第四大祕密是飛機和輪船上的高度和航向修正器，不時調整和修正，最後終於到達目標。」

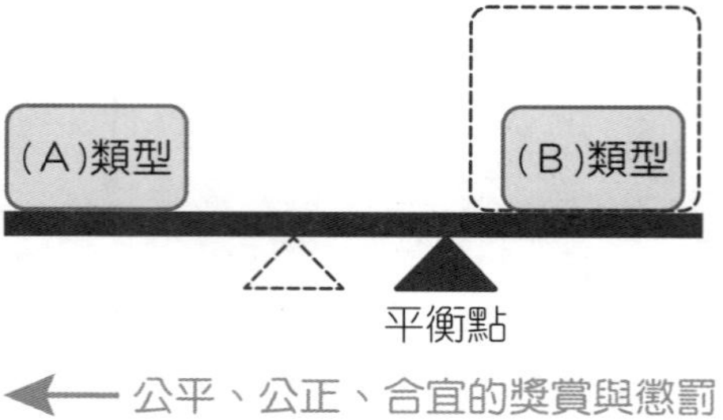

圖二十五

為了更進一步分析獎賞和懲罰的重要性，蘇總拿出宏達電的智慧型手機，「智慧型手機的功能日新月異，甚至已經超越比較舊的個人電腦。智慧型手機的快速進步，依靠的是材料和科技的獎賞和懲罰。」阿雄插嘴，疑惑的問，「手機功能的進步和第四大祕密有關連？」蘇總繼續解釋，「是的。製造智慧型手機的公司利用不斷換新零件功能（獎賞）以及淘汰舊功能零件（懲罰），創造出新產品。這也就是領導和管理技能中的第四大祕密，創造出讓團隊不斷進步的動力。」

獎賞的效果與方法

阿雄接著問道，「如果獎賞和懲罰可以改變員工的本性，使大部分員工轉變成(B)類型的工作本性，因而提高工作效率，您能不能夠先說說如何廣用獎賞去達成這個效果？」

「就如同先前所談到的，團隊是由人所組成，所以一個團隊的成果與效率，也是由這群人的工作效率所決定。因此，如何增進這群人的工作效率，則成為團隊成功的關鍵。一個公平、公正、合宜的獎賞則是達成工作效率的推動器。就像一群運動員贏得比賽，主辦單位和教練給予獎牌以示鼓勵一樣。這獎牌的鼓勵，足以鼓舞一群運動員忍受艱苦的訓練和身體上的痛苦，去盡所有力量，贏得每一場勝利，最後取得錦標賽冠軍。你看過一群大男人，在贏得冠軍後，抱起獎杯，親吻獎杯，痛哭流涕的畫面嗎？外人很難瞭解贏得獎杯的內在鼓舞力，但是，這個畫面也真正表現獎賞對個人的重要性。」蘇總試著用運動競賽為例子講解給阿雄與阿彬聽。

「很可惜的，我們的一生中，從小到大，大部分接觸到都是否定、懲罰性的教誨和警告。孩提時，父母教導『不可以大吵大鬧』。青少年時『不可以變壞，不可以結交不良朋友』。成年後，在日常生活中，可以隨時看到『不可停車、不可超車、不可亂丟垃圾、不可超速、不可大喊大叫、不可隨地塗鴉等』。我們的一生，似乎都在充斥著『警告』和『懲罰』的環境之中。在工作的環境，尤其是現代高科技的競爭環境中，也是充滿著『警告』和『懲罰』。」蘇總帶著遺憾的口氣說道。

「沒錯。在公司中最常聽到的就是『禁止上班時間使用公司器材做私人工作、禁止工作時間流覽無關的網站、工作效率不佳單位，減薪百分之十、如果產能沒有達到預期目標，所有生產主管記過一次、限一星期之內，把產品問題解決、所有機器設備問題，三天內完成修復、凍結所有出差，控制所有支出和費用、減少年度分紅、凍結薪資調整等』，許許多多警告性的語言充滿在今天的工作環境中。在如此負面的環境下，如何能夠要求員工去盡心盡力提高工作效率呢？」阿雄對蘇總的話深有同感，再度提出他的疑惑。

蘇總點點頭，接著說道，「要扭轉這些『負面』和『警告性』的工作環境，以便提高員工效率，主管和領導者要建立一個公平、公正、適宜的獎賞制度。在許多領導與管理的學術研究和實習的經驗中，都指出大家已經知道的一個事實，那就是獎賞員工工作成就和每一件任務的完成，會對員工產生最大的鼓舞力，使員工加倍努力去完成下一階段更困難的目標。這個道理和我們在第二大祕密建立明確願景和目標中，馬戲團中老虎、獅子和海豚表演的故事是一致的。訓練師為了讓老虎、獅子和海豚去完成幾乎不可能完成的動作，每次當老虎、獅子和海豚完成一項小的動作，訓練師就用肉和魚當成獎賞，然後訓練動物去完成下一個更難的動作，再給予獎賞，如此不斷的重複，完成任務→獎賞→完成一個更難的任務→獎賞→完成更困難任務→獎賞→……→直到達成最後目標。這個訓練的道理和領導、管理一支團隊成功完成每一件任務，成為一支勝利團隊，所必須遵行的方式一致。在你設定明確目標之後，你需要適時獎勵個人和團隊所完成的任務，然後逐漸引導他們到另一高層次的目標。」

「獎賞員工去提高工作效率，從您上面的描述，的確是很有道理。但是，為什麼大部分主管和領導者並不知道或者不善於利用獎賞這強大潛力，去鼓舞員工和增加工作效率呢？」阿雄像個好奇寶寶的問道。

獎賞的謬誤

「大部分的主管和領導者，在考慮應用獎賞去提高士氣和效率，通常都犯了二項嚴重錯誤。第一項：很多時候主管和領導者犯了一個很大錯誤就是一直在等待屬下完成所有交付任務，或者期待任務完美無瑕疵才值得獎賞；或者在每件任務完成後，過了一段日子才注意到，才加以獎賞。以前面馬戲團獅子、老虎和海豚為例子，如果要等到獅子、老虎跳上最高梯子才給食物，沒有完成最後目標，或者動作不完美，就不給食物，甚至用鞭打來激發牠們。想想看，結果會如何？結果是所有動物在沒有完成訓練前，都可能已經死光了。」蘇總略微提高了音調，顯得極不認同一般企業的獎懲方式。「第二項錯誤是大部分主管沒有一套公平、公正、合宜、有效率的獎賞措施。從研究和調查中發現，大部分主管和領導者瞭解也同意：『如果他們選擇公司或團隊，他們也會選擇給予公司或團隊公平、合宜的獎賞以及得到公司和團隊的重視和感激的環境。』」

「但是，當主管和領導者被問到何種獎賞可以達到最大效果時，幾乎所有主管都堅持，員工只對加薪、紅利、股票和升遷，這些直接會影響到他們荷包的獎賞感到感激。當然，錢對所有員工是十分重要的，但是真正去鼓舞員工更加倍努力增加效率，完成更高階段的工作成就，則是除了錢之外，還需要其他內在的獎賞，像受重用、受尊敬、受感激等等不同的獎賞辦法。」蘇總喝口水，繼續說道。

阿彬接著說，「我完全同意蘇總在獎賞制度的分析，在人力資源研究調查中，發現百分之八十的員工離開公司的原因，是因為感覺到不受公司重視，在自己工作上不被主管感激。」

建立有效率的獎賞制度

阿雄露出驚訝的表情，沒想到這情況不單只是觀察結果，也還有真的數據佐證，「那麼，如何才能建立一套公平、公正、合宜的獎賞制度呢？」

蘇總回答，「一個有效率的獎賞制度必須具備以下特性。」阿雄趕緊拿出筆記本，記下蘇總的話。

獎賞方式必須因人而異

每一項獎賞都必須符合個人需求才會有最大效果。選擇不同的獎賞方式，不管是金錢、紅利、升遷等實質上的獎勵，或者表揚感激、受重視等非實質的獎勵。因人而異、適當、適宜可以使員工感受到獎賞的效果和鼓勵，因而達到提升工作效率的目的。

獎賞必須和工作成果、行為一致

一個有效率的獎賞制度，必須根據每一項不同工作成就的重要性和影響性，給予不同的獎賞。一項歷時一年的產品開發計畫的成就和一件一個星期完成的工程實驗成就，必須有不同層次的獎賞，才足以達到獎賞的效果。獎賞的條件，必須只是工作成就和成果，絕對不可以有個人私心和偏心的因素存在。如果因個人喜好而左右了獎賞的決定和方式，這類的獎賞，非但無法達到效果，更糟糕的是影響和打擊團隊合作與士氣，因此減低而且傷害了團體的執行效率。這個部分必須特別小心留意。

獎賞必須是及時，而且明確的

有效率的獎賞，必須是及時的。當工作和個人成就達成時，及時的獎賞，才足以達成最大效果。一個過時幾個星期、幾個月的獎賞，通常就失去了它的效用。有效率的獎賞除了及時性外，還必須有明確性，每一項獎賞，必須明確的描述出獎勵的個人行為或者工作成就。記得，獎賞的目的，是鼓勵和強調團體的正確行為，唯有獎賞很明確的行為和成就，才可以刺激和改變團體的認知，然後增進團隊效率。

獎賞要因人而異

「我可以瞭解一套公平、公正、合宜、有效率的獎賞制度必須有第二和第三項特性。但是為什麼第一項：有效率的獎賞必須因人而異，也是有效率獎賞的要素之一呢？為什麼不能夠給每個人相同獎賞呢？」阿雄停下筆，提出他的疑問。

蘇總打開手機中的一張圖表並回答，「在『有效率獎賞』的三大要素中，第一項是最重要的一項，也是大部分主管在建立獎賞制度過程，最容易忽略掉的。有效率的獎賞必須因人而異，主要來自於人類本性的需求。美國學者Maslow用了圖二十六來描述人類需求本性的演化過程。」

阿雄與阿彬兩人認真研究起圖上的內容。

1. 生活和生命的基本需求

像食物、房屋、空氣、水、薪水、保險等等。

2. 工作保障性和人身的安全

不會受傷害或被撤職、有安全感、工作穩定性等等。

3. 工作職位階級和社會地位

工作的表揚、職位的高低、自身自信心、社會地位和尊敬。

4. 自我的認知和滿足

追求自己最大的潛力，完成自我目標和人生意義。

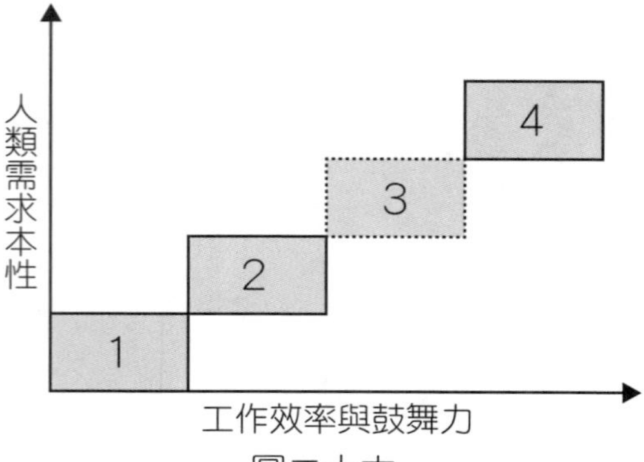

圖二十六

「這人生需求的過程演化中，由階段 1→2→3→4，一個人必須先滿足了 1 的需求，才會追求 2 到 3 到 4。並且隨著追求愈高層次的需求，個人的效率和鼓舞力也就愈大了。當一個人追求 4 需求時，自我的認知和滿足，可以產生無限的鼓舞力。如果一個公司和團隊，大多數人是處在追求滿足需求 4 的階段時，這個團體將是一個可敬的勝利團隊。」蘇總專注的講解圖表的內容，他看著阿雄和阿彬，熱切地分享他的觀點，「在我們的工作環境中，一個主管必須瞭解每位員工有不同的需求慾望。而且這需求慾望隨著工作的長短、職位的高低、經濟的狀況一直在改變，而且有一定的改變方向。因此，要達成鼓勵每個人，去應用最大潛能，完成最高效率的工作成就，主管必須瞭解員工需求，保障他們的要求，幫助他們完成他們的需求。當每位員工需求有了保障後，他們會對自己、主管、公司有信心，他們也瞭解只要公司經營得好，他們也將受到適切的照顧，也得以滿足他們的需求。」

範例說明——獎賞的類型

阿彬問道，「如果按照 Maslow 人類需求本性的說法，在公司和單位中，那麼獎賞必須非常多樣化，這樣才可以滿足和鼓舞每一個不同階層的員工。從基層操作員、技術員、工程師到主管階層，就應當有不同方式和型態的獎賞制度，以便達到最大效果。有哪些獎賞方式，可以完成這麼多樣化的效果呢？」

蘇總接著回答：「在我們公司現行制度下，按照員工需求的不同，我們綜合應用以下不同的三大類型獎賞措施以達到最大效果。你們聽了可以作為日後的參考。」

阿雄與阿彬再度忙碌的抄起了筆記。

第一類型：經常性的讚賞和表揚

這類經常性的讚賞和表揚是「領導與管理第四大祕密」最重要的工作也是最被主管忽略的有效率的獎賞方式。這種經常性的讚賞和表揚可以是：

- 私人不定時口頭的表揚和致謝
- 電子文件的表揚
- 正式書寫文字的表揚
- 公司公開場合的表揚

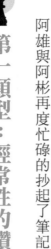

第二類型：物質和金錢實質報酬的獎賞

這類物質報酬的獎賞包括了：

- 紅利、股票、職位升遷、加薪
- 禮券、現金、抽獎
- 禮品、餐廳招待、百貨公司禮券、旅遊、免費午餐、晚餐
- 特別的待遇：像保留停車位、公司健身房、餐飲服務、休息室的視覺和聽覺享受

第三類型：非物質的報酬和獎賞

這類非物質的報酬和獎賞，也稱為內在本質的獎賞，包括了：

- 工作的支持度、工作的自習性、完全處理的權力
- 對公司和單位的參與
- 彈性的工作時間
- 職訓和學習
- 參加研討會

• 個人工作和生涯的規劃等

「第三類型非物質性，屬於本質性的表揚和獎勵，對於高階層員工而言，其產生的效果，遠遠超過了口頭和書信的表揚。也比金錢、物質、報酬的功用更大。研究發現，這種非實體的獎賞是最廣泛而且最有效率的方式。它之所以有如此的功效，是因為這獎賞強調了主管和單位對個人的信任和重視。」蘇總等待兩個人作好筆記才又繼續說道，「當主管毫無保留的將資料、信息和員工分享，又給予員工完全的自主性，決定權和指揮權，加上主管或團隊所賦予個人自修、學習的機會和一套很完整的個人生涯和職業的發展計畫。這種信任、尊敬、機會和發展計畫，也就是每位員工追求工作滿足和需求的最大目標。因此，對個人所產生的效率和鼓勵性是他人所無法相比的。這也就是Maslow所談到，當個人在追求人類需求階段3和4時，這個人將處於一個高效率的執行能力上。」

正確獎賞的方法

阿雄問：「我也有幾個問題。首先，在第一類經常性的獎賞，您有口頭上、電子文件、正式書寫文書和公司的公開獎賞。您能不能舉例子來說明每一種不同的表揚方式？」

蘇總：「可以。以下每個例子，都是真實發生在我公司裡的事件。」

阿雄與阿彬拿起筆記的同時，看到了一個晚上下來密密麻麻的內容，心中既滿足也對蘇總充滿了感激。

口頭上的獎勵

有一天，蘇總公司一位基層工程師文祥接到一份蘇總留下的語音留言：「文祥，我是蘇總經理，我要特別感謝你在這個星期天，犧牲了自己休息以及和家人相處的時間，幫公司完成了產品測試。因為你完成了產品測試，而且結果良好，所以產品經理可以如期的將產品運出。今天早上，我們顧客特別表達感謝之意，對我們員工敬業精神十分敬佩。在此，我要代表我們顧客、我自己、以及全公司，表達我們的感激和謝意。最後，再次謝謝你。」

這種口頭上的獎勵，對一位主管而言，大概只需要花一到二分鐘，但是，它對員工產生的影響和鼓舞力，卻是難以計算。

電子文件的獎賞和表揚

從一位第一線主管寄給蘇總的電子文件，他回覆了他對該主管的讚揚：「仲豪，我從你的電子郵件上的第一季計畫和成果報告得知，你和你的團隊不僅僅增加了產品解析性1 dB，而且也完全解析了整個物理現象，這個工作成就，將對公司這未來六個月到一年內產生很正面的影響。因為你和你團隊的成就，提升我們整個公司競爭能力，遠遠超出我們的對手。在這裡，特別代表我個人和公司對你和你的團隊，表達最大感激之意，謝謝。請繼續保持你們良好的工作態度。也請你將這封表達感激的電子文件，轉達給你團隊的每個人。」

電子文件的表揚就像口頭上的獎勵一樣，對於主管而言，只要花費少許的時間，卻可以表揚所有大大小小的成就和好的行為，以及所有階段任務完成等。如果能經常善用這些口頭和電子文件的表揚，可以讓大家注意到、瞭解到公司和主管感激所有工作同仁的貢獻和成就。相對的，也增強員工對公司的忠誠度。最後，一個公司和團隊文化，也可以因此建立起來。藉由主管，對所有員工的工作貢獻、成就和忠誠，不僅真誠表達感激之意，也讓所有員工對自己所負責的工作和單位，感到十分驕傲和滿意。

正式書寫文書的表揚

在幾年前的年節期間，蘇總親筆寫了大概五十封感謝信給公司重要幹部和績效顯著人員。以下是給其中一位中級幹部的書信：「在這個新的龍年，我特別要向大偉您們全家拜個年，特別是感謝大偉太太和您的二個寶貝孩子。因為您們全力支持和照顧大偉，因此大偉可以全心全力的為公司業務貢獻。您的丈夫和孩子們的爸爸是我們公司的一個大支柱和成功的重要因素。我本人和公司上下同仁，對您的丈夫和孩子們的爸爸的工作成就，相當引以為傲。我相信您們也會以他為傲。謝謝您們，祝福您們全家有一個美好的龍年。」

幾年後，大偉告訴蘇總一個祕密。他說：「這幾年來，同行業的競爭者多次遊說我跳槽。在高薪和高職位的吸引之下，我開始動搖，曾經想過加入競爭者的公司。但是，每次當我提出這個想法後，我太太和小孩馬上堅決反對。他們說：『你有這麼好的上司照顧你，欣賞你的工作和貢獻，並且不時的表揚你。你在其他公司是碰不到這種上司和表揚的，而且我們都以你為榮，對你在公司的工作感到十分驕傲。所以，我們不希望你換工作。』」

大偉這番話也真正說明書信表揚的功用，影響所及，不僅僅是員工本身而已，並且擴散到整個家庭。一個適切、有效率的表揚，可以提高個人工作效率，有時候更可以像大偉的故事一樣，增進員工對公司和主管的忠誠度。

「我同意這種書信的表揚可以產生很大的效用。如果，我自己和我的家庭收到像給大偉這般的感謝信，我也會忠於公司，盡一切為公司努力。以您貴為總經理職位，在這麼繁忙時程中，特別撥出時間去表揚個人，這種影響和感覺是金錢或者物質所不可取代的。」阿雄心有戚戚焉的說著，阿彬在旁邊則猛點頭。

蘇總接著說，「下一個例行性表揚的例子是公司內部公開性的表揚：這類的表揚主要針對某些重要事件和貢獻。因此，在公司例行性的會議和集會，給予十分正式的表揚。我要說的這個故事發生在兩年前。」

表揚的價值及目的

兩年前，蘇總公司發生了一件很大的事故，影響所及足以摧毀整個公司。在記憶體製造的一個生產線上，有一位工程師在做完自己的實驗後，忘記將正負極方向改變回來，因為這個製程是屬於上游階段，因此，所有產品幾乎都受到影響。很快的，產品開始產生問題，但是由於正負極方向改變，很難去偵測這個問題。就在這個時候，這位工程師很勇敢的出來告訴他的上司，他可能忘了改變正負極，因此造成現在產品的問題。

當蘇總知道這個消息後，他特別在公司本季的員工會議上表揚這位員工：「今天，在我們本季的員工會議，我要特別表揚一位工程師，你們大概都知道。幾個月前，在我們產品生產過程中，有一組正負極方向錯誤，造成公司很大的損失。我們回收了幾十萬個產品。這位工程師，他找出了也糾正了這個問題。更重要的是，他是做研發實驗，變換正負極的同一位工程師。我們今天要表揚的不僅僅是他找出問題，更重要的，是他有勇氣能去坦白自己犯的錯誤。他的勇氣、他的作法、他的貢獻，真正代表也解釋了我們公司的文化和價值。那就是：不要害怕犯錯誤，不改正錯誤才是可怕的，失敗不可怕，可怕的是不敢去嘗試和面對失敗。讓我們一起說聲『謝謝』，並給予這位工程師熱烈掌聲。」

阿彬接著說道，「蘇總，您剛剛說的表揚的例子，從人力資源的觀點來談，這是一個最高境界的獎賞。獎賞的目的，是引導員工重複的執行好的行為和工作。而最終目的，經由獎賞培養公司和團隊的獨特及優越的公司文化。您經由公開、正式表揚的方式，建立也溝通您公司獨特的文化，真是非常了不起。」

5＋1＋5原則

「我下一個有關獎賞的問題，是如何去綜合應用第一類經常性的讚賞、表揚和第二類物質上和實體的獎賞，以達到最大效果。總不能每天只是表揚，卻沒有物質上的獎賞，那麼員工可能會認為，你只會口沫橫飛，卻是一毛不拔的主管。」阿雄等阿彬說完，迫不及待又再度發問。

「這是一個很好的問題。在第一類和第二類獎賞的制度，我一直沿用一個5＋1＋5原則。」蘇總讚許的回答。

「5＋1＋5原則？這是什麼原則？」阿雄被蘇總勾起了好奇心，不停追問。

「第一個5是，每集滿五個第一類的表揚，我就會給予一個第二類獎賞。第二個5是每五天，我就會發出一份獎賞，可能是幾千元的紅利，也可能是一張禮券，一張獎狀加上獎品，也可能是一份免費高級晚餐等等。這5＋1＋5原則之所以有效，因為每天我會親自發掘一個好行為，或者工作成就去表揚員工，因此促使我更接近員工，也更明瞭公司執行階層的反應。」蘇總將自己的作法與阿雄、阿彬分享。

「我還有一個問題。在第二類的獎賞中，年終紅利、加薪和升遷不是最重要，最有效率的獎賞方式嗎？為什麼還要有不定時紅利、禮券、禮品、午餐、晚餐等等小的獎賞方式呢？」阿雄百思不得其解。

「在第二類獎賞中之所以有這麼多不同種類獎賞，主要有二個理由。第一是驚奇性，年終紅利、加薪和升遷大都是發生在一定時間，員工對於這類獎賞總是視為當然，是公司和主管應當做的，對他們而言這並不是獎賞，只是公司制度的一部分。然而不定時紅利、禮品、禮券、晚餐，卻可以達到驚奇效果，員工感受到自己工作或者行為特別被指出、被重視，因此受到獎賞。雖然物質數目不大，但是它產生的效果和促成員工工作效率的影響，可能遠遠的大過紅利和加薪。第二個理由是5＋1＋5原則，如果每五天就要發出一個第二類獎賞，是無法只靠紅利和加薪來達成。」蘇總仔細的回答。

有效的非物質獎賞

阿雄又問，「真是不好意思，我還有一個小請求。您能不能舉例來說明在公司制度和執行上，有哪些政策和活動，是用以達成第三類非物質型態的獎賞？」

蘇總說道，「先前，我們提到第三類獎賞之所以有很大的鼓勵和效應，因為它提供員工希望和信任。在聘請一個員工時，我們著重於能力，英文稱為"Amplitude"。但是在工作之後，我們需要員工真正付出的是他們的態度，英文稱為"Attitude"。如果你可以在公司、單位中建立更多的希望和信任，對員工們會更有鼓勵性，工作效率也會因此提高。為了達成這個目的，在我們公司中，我們建立了以下制度，主管有完全自主權和決定權去善用每項制度，以達到最高效果。」

蘇總遞給阿彬一份文件，上面寫著蘇總的公司對於員工獎勵訂定的三大制度。

投入性

成立員工建議信箱和專線，鼓勵員工對公司策略、執行方式、經營方向、競爭優勢和劣勢等等提出自己的意見和建言。蘇總每個月會親自閱讀，然後提供指示給下屬單位。

自主性和決定權

公司有以下六項制度來鼓勵員工自主性和決定權：

(1)所有員工，除了現場工作人員外，都可以彈性上班。

(2)鼓勵所有員工結合其他部門和團隊，一起成為共同解決問題的任務團隊的成員。

(3)鼓勵直接加入和客戶溝通團隊，瞭解客戶需要，並且一起提供最好的服務和解決客戶的問題。

(4)鼓勵主動主導會議，共同解決技術、品質、量產、設備儀器和客戶服務、測試的問題。

(5)開放公司執行策略和未來方向的會議給大部分員工，鼓勵主動、積極參加或者提供建議。

(6)鼓勵參訪下游廠商，以便瞭解他們的製造，並且幫助他們改進製程，以便增進原料的品質。

職業訓練、學習和生涯的規劃

包括了以下五項：

(1)公司內部免費提供所有有關於儲存技術和領導管理課程，這些課程是由內部員工自己編錄而成，員工是課程的老師和教授，所以課程全面開放給員工。

(2)每年固定的派遣員工參加技術研討會議，或者特殊科技會議等等，學習最新的技術和未來的趨勢。

(3)除公司所提供課程以外，每年提供五千元學費給員工自由選擇自己有興趣和可以增進個人能力的外部訓練課程。

(4)鼓勵員工在職進修以及攻讀學位，公司分擔部分費用。

(5)建立員工生涯規劃系統(Employee Development Planning System, EDPS)——每一位員工在年初定下自己一年、中期、長期的工作目標和生涯規劃，定下自己需要培養的技能和訓練，所有主管每一季要求和每位員工一起評鑑和討論結果，並且提供所有協助，以幫助員工完成目標。

效用廣大的非物質獎賞

阿雄讀著蘇總準備的資料，提出一個疑問，「蘇總，當您提到第三類獎賞：非物質的獎賞，這一類獎賞對員工工作效率的提升最有效，您有沒有自身的例子可以分享？」

「七年前，在我擔任總經理一職前，公司派我到哈佛大學的管理學院進行三週的領導人才培訓課程學習，由公司負擔所有學費和出差費用。這是我職業生涯中最好的獎賞，比加薪、股票分紅和升遷有更大的鼓舞效果。因為這代表公司對我的信任和期望，這也是我忠心於公司的最大推動力。」蘇總針對阿雄的問題，提出自身的例子和感受。

安慰劑效應

阿雄好奇的說，「為什麼信任和希望有如此大的推動力呢？」

「在人類的行為和歷史中，有許多信任和希望產生無比和不尋常的力量的例子。你有沒有聽過一個叫做“Placebo effect”，中文稱安慰劑效應，這安慰劑效應是醫學臨床研究發現的，在醫學臨床研究中，將受測者分組，並告知其中一組人他們接受了，譬如是治療心臟病的藥品和治療。實際上，只是給予這些病人一些普通的維他命藥品和一些與心臟病無關的治療。但是，在許多醫學臨床研究中很驚訝的發現，這種心理的治療方式產生極大的效果，在實驗之後檢查，這些受測者都表示不舒服的症狀獲得緩解，因此稱之為安慰劑效應。這種效應，從科學角度來看，也只能解釋為希望和信任賦予了他們力量，其產生的效果是你我無法想像的。」蘇總舉了醫學臨床的實例，希望讓兩人具體瞭解。

「您提到的安慰劑效應，和臺灣廟宇算命、求符和香灰治病好像有點類似。雖然我是學科學的，我不相信什麼命中注定、氣功治病、符水治病、驅邪等等。但是，好像愈是相信，愈有希望，效果愈大。對我這種不相信的人，一點效果也沒有。」阿雄想到身邊類似的例子。

「安慰劑效應和臺灣社會中氣功、宗教治病等等有相似處。重點不在於這治療方式是否有效，整個重點在於當個人被賦予了希望和信任後，他可以產生無比的個人效率和能力，這種個人能力的增進，如果可以挪用到公司團隊上，其影響將是十分大的。」蘇總點點頭回答阿雄的問題。

個人獎賞與團體獎賞的差異

阿彬也開口問，「蘇總所提到三個類型的獎賞都是屬於個人獎賞。在公司和團隊中，很多獎勵是屬於團隊性質的。這團隊獎賞和個人獎賞有什麼不同，如何才可以相輔相成，完成最後效果？」

「是的。公司獎賞必須由個人獎賞和團體獎賞組合而成。個人的獎賞對員工個人提升士氣和工作效率有很大效力。而團體獎賞不但可以達到像個人獎賞的功效，如果應用得當，更可以增進團隊合作和效率。但是，如果應用不好，很可能成為反效果，破壞團隊精神和個人效率。」蘇總開始談起一個有效率的團體獎賞必須具備的要素：

獎賞整個團隊而不是個人

團體獎賞必須注意公平性和團體性，獎賞必須平均的分到每一位員工，絕不可以集中於團體的領導者或者少數表現績優的員工。記得團體的獎賞是獎賞整個團隊，而不是個人。獎賞的目的是增進團隊士氣，團隊合作效率，產生一加一大於二的加乘效果。

團隊獎賞必須以個人獎賞來互補

為了提升團隊效率達到更高一個層次，主管必須綜合應用團隊獎賞和個人獎賞，才可以達到最大效果。在一個團隊中，對有特別工作成就的個人領導者必須給予適時、公平的個人表揚和獎賞，以便和團隊獎賞互補。一間公司可以交替運用一些團體獎賞和個人獎賞，以便達到最好效果。

團體的口頭、書面表揚和獎賞

每件重要任務的完成，像一項新技術開發成功，新產品開發成功，新機器、廠房順利生產，重要的良率提升，顯著的品質改進等等，選擇一個可以讓所有團隊員工一起接受表揚的場合。而且也可以讓每個人獲得繡有任務、計畫名稱的外套、T恤、杯子、獎杯等不同紀念產品、禮券或者現金等等。

一個輕鬆、愉快的活動

有樂趣的慶祝會和活動——這一類的獎賞方式，讓所有團隊員工有半天或者一天空閒時間，公司負擔所有費用，讓員工一起選擇自己喜歡的活動，像海邊露營、烤肉，或者卡拉OK、保齡球、棒球、排球、羽毛球、高爾夫球等等活動，可以達到休閒、消遣、去除疲勞，增進團隊合作，慶祝團隊成就的活動。

正式的慶祝酒會和餐會

當一個團體、單位完成一項很重要的任務時，像新產品通過客戶測試，破記錄的生產量和良率等，公司便舉行正式慶祝會，邀請員工和配偶，到最高級的休閒度假中心，享受最高級的服務和招待。這種慶祝會除了提升團隊合作和士氣外，也藉機讓員工瞭解、體會，公司主管有用心的注意到，也發自內心的十分感激所有人的犧牲和貢獻。

如何執行獎賞制度

阿彬接著又問，「蘇總，在您前面提到一個有效率的獎賞必須具備三個特性：(1)獎賞方式必須因人而異；(2)獎賞必須和工作成果、好的行為一致；(3)獎賞必須是及時，而且明確的。這三點特性都是從獎賞制度上來看，對主管和領導者個人而言，在執行獎賞制度時必須注意哪些事項，才可以成為一個完整和有效的獎賞制度？」

「你果然是學人力資源出身，你的問題非常有觀察性，且十分切入今天實習的重點。一個有效率的獎賞制度，除了制度上的三個特點外，在主管個人執行上，也有三項特性。由制度上，加上執行上的特質，相輔相成，才可以完全發揮獎賞的功效。」蘇總帶著讚賞的語氣回答道。阿雄、阿彬兩人也連忙在筆記上記下蘇總緊接著分享在主管個人執行上，所必須擁有的特性。

藉由獎賞過程提供及時的工作回應

如果員工及時的獲得工作回應，如此，他們可以發揮潛能，創造出最好的工作成就。在主管提供表揚和獎賞的過程中，一個適時、及時的工作回應到員工的工作表現，就如同錦上添花，達到加乘的效果。

獎賞必須是誠懇的

就與在「領導與管理的第三大祕密」有效率的溝通涵義相類似，一位有效率的溝通者必須具備誠懇、不虛偽、心口如一的內在特質，才不致流於油腔滑調，講一套做一套的偽君子。一位主管和領導者，在執行獎賞制度也必須具備有相同的內在特質，讓員工感到誠懇的，出自內心的讚賞。因此，員工會對所受表揚和獎賞感到驕傲和珍惜。

盡量去發掘做對的事情和行為

當主管和領導者應表揚與發掘「做對」的事情和行為的團隊或個人。這種做對的事情和行為，可能是建議一項機器安全措施，也可能是特別加班完成實驗，或者幫同事代理工作等等。當主管和領導者不斷的發掘和表揚做對的工作和行為，並且鼓勵所有領導幹部一起去獎勵員工做對的事情，無形中，就創造「領導與管理」的第一大祕密：熱愛你的工作，一個積極、樂觀的工作環境。當主管和領導者注意力集中在獎勵員工的工作上，所有員工也將會受到影響，一起走向成功、快樂、樂觀的人生大道。

獎賞制度的重要性

蘇總問道，「在我們結束獎賞這個單元前，阿雄和阿彬，還有其他問題嗎？我知道阿雄總是在最後一分鐘還有問題。」

阿彬先提出問題，「在整個領導與管理的領域，在八〇年代，九〇年代初，很少強調獎賞這個制度。但是在九〇年代以後，幾乎在所有人力資源領域和研究以及『領導與管理』書籍中，都特別提到『獎賞』是提升個人和工作效率有效利器。是什麼大環境的改變造成獎賞這個制度變得更加重要？」

蘇總回答道，「主要是三個大因素的改變。尤其發生在九〇年代，當科技突飛猛進，加上網際網路的發達，員工們有多重工作選擇，有更強的自主性，這些在職場產生很大改變。」

蘇總歸納了影響獎賞制度日益重要的三大因素：

(1)主管們只有很少的方式可以去影響改變員工的工作行為和效率。主管們不能夠用老式的強迫性的矯正和威脅方式。一個好的主管必須像父母或者球隊的教練，藉著獎賞去影響員工的行為。

(2)由於高科技的發達，網路的普及，員工被要求用最少的資源去達成最大的工作效益。加上跨國企業的普及，員工和主管的關係，不再是同一棟樓房，同一間辦公室，現代管理環境形式十分自由，放任。不像七〇年代，八〇年代非常嚴密的控制（像打卡，固定辦公時間，主管例行巡視，固定工作報告等）。為了去面對自由、自主的管理方式的改變。一個主管必須用不同的獎賞來創造一個正面和積極的工作環境，而且持續不斷的用獎賞來加強員工正確的工作行為，進而達成提高工作效率的目的。

(3)可能是最重要的一點。當嬰兒潮的工作群開始退休後，人口學家預測工作人口將逐漸減少，加上物質享受和科技的發達。在二〇〇〇年以後，有一大群的所謂「草莓族」的年輕世代。這些所謂草莓族就是一捏就爛，肩不能挑，手不能提的時髦新鮮人類。這些工作人口習慣於養尊處優，茶來伸手，飯來開口，不喜歡從事生產，只縱情於享受，沒有工作忠誠度的觀念，沒有抗壓和調適能力。為了能夠善加利用這未來「草莓族」的工作人口，獎賞綜合第一、第二和第三類不同方式，漸漸引導員工朝向正確行為，再加上內部本質的獎勵，信任、希望和挑戰，可以建立一群有希望，接受挑戰和有效率的未來新鮮人類的工作人口。

阿雄笑嘻嘻的提出問題，「在您領導和管理的經驗中，有哪些令您很難忘的獎賞例子？」蘇總徐徐的回答，「阿雄你總是不錯失學習最好典範的機會。我有二個故事可以分享，這二個故事都是獎賞的最高境界。」

發現自己學習和人生的目的

幾年前，我們公司準備到東南亞擴廠，我們購買了一百臺薄膜儀器準備放在東南亞的廠房。當時，我請一位具有美國一流學府工程博士學位，在研發部門任職的 Robert 負責管理這座廠房。二年後，Robert 在他的自我評鑑上這樣寫著：「這二年的工作是我個人職業生涯中最大的獎賞。我從一個僅負責一臺機器的研發工程師，轉變成負責一百多臺機器的工程師。這二年來，我的工作為公司創造幾百億的利潤，也影響了上萬人的生活。直到今天，我才發現從小到大苦讀的意義。我終於找到自己學習和人生的目的，謝謝蘇總給我全世界最好的獎勵。」

為人類節省時間

第二個故事是蘋果 Mac 電腦。在其上市前，有一位工程師花了很長的時間撰寫一個關於電腦開機、關機功能的軟體。他每次呈現成品給賈伯斯時，賈伯斯總是要求他重新改進。其實這個軟體已經十分優秀，沒有任何瑕疵，但是賈伯斯認為開關機的時間過長。被打了無數次回票，這位工程師非常沮喪，但賈伯斯告訴他，「我們將出售幾百萬臺的蘋果電腦，如果你能夠節省一秒開機時間，你可以為全世界的人類節省多少的時間，對人類做出多少非凡的貢獻？」頓時，這位工程師發現人生中最大的獎賞——為人類節省時間。於是他二話不說，回到研究室致力改良這個軟體。

蘇總再問：「還有獎賞這個單元的問題嗎？沒有的話，下一個單元就是『領導與管理』第四大祕密的另一半：懲罰。」

懲罰的必要

阿雄馬上開口問，「我可以瞭解獎賞可以提高員工士氣和工作效率。但是懲罰不是剛好相反和矛盾嗎？它怎麼去提升單位工作效率呢？」

「在我的領導和管理的經驗中，一個主管面對的最大困難就是去懲罰和矯正你的員工，這也是最難有效應用的領導和管理方式。一個主管很容易主動去面對屬下員工，告訴他們好消息，表揚他們，討論他們對公司貢獻和他們高效率的計畫成果。也很容易的向部屬說，你加薪了，升職了，你的股票紅利增多了。但是，對於一位主管而言，總是很困難開口去矯正一位不稱職工程師、懲罰沒有效率的主管，和一個沒有效率的生產單位，但是這懲罰與矯正卻是主管最重要工作之一。」蘇總喝了口水，嘆了口氣，談起懲罰員工的難處。

想想看，一籃又紅又脆的蘋果，如果中間有一顆蘋果開始腐爛了，在剛開始腐爛前不及時處理，整籃蘋果也會很快一起腐爛，而且是無法收拾的。再如癌細胞在人體一樣，在初期癌細胞尚未擴散之前，一定要及時治療。在治療過程中，必須根除癌細胞，而且不能影響到其他健康的細胞。一個有效率的懲罰和糾正就像根絕癌細胞一樣，並且保留了其他健康細胞，讓身體得到更健康、更強健的回復。在公司中，一個主管對於需要指正的不對行為，加以忽略，不加以處理。最糟糕的是，這些未受指正的不良和不對行為漸漸囤積起來，久而久之，員工之間對於執行力不佳，表現不好，犯工作錯誤的個人會產生敵意。如果主管讓這些問題繼續囤積下來，愈久愈糟。

開始時，你看到手下員工互相叫罵，大發脾氣，或者互不說話，甚至互相記恨。這少部分被指責未盡職責，怠職的員工，自己也不知道哪些行為是錯誤的。如果一個主管能夠及時干涉、懲罰和糾正不良行為，並引導這些錯誤行為到正確方向，那麼這些員工間的小問題和小摩擦就不會隱藏不發，成了隨時可能炸開的定時炸彈。

一位主管在執行懲罰時，必須掌握五大原則，才可以達到去蕪存菁的效果。

很明確指出員工做錯事或不良的行為，並要求及時改進

懲罰和糾正的最終目的，是解決問題和增進工作效率。因此，在執行懲罰時，必須很明確指出錯誤和不良行為，並要求及時改進，避免重複同樣錯誤。

避免人身攻擊

懲罰必須對事不對人。懲罰員工不良的行為，而不是他個人或者他的個性。在懲罰過程，主管必須很仔細的列出員工犯錯的時間、地點、發生事件的內容。並且很明確指出你對員工行為和工作效率的標準是什麼，而且你期待每位員工都可以達到這個標準。

必須具立即性

懲罰必須在不良行為發生之際立即加以處理，否則一擴散開來，就無法收拾。而且一位主管懲罰部屬以前的錯誤，就會被部屬認為是報復，是人身攻擊，並非真正的矯正和懲罰不良行為。

懲罰必須發生在私人場合，只有員工和主管兩人，不公開也沒有其他人涉入

不像獎賞，公開的表揚是一種很合適，有效率的獎賞。懲罰必須發生在私人場合，而且在關起門的辦公室，因此，比較不會有被羞辱的感覺，也較不會產生負面影響。

必須保持正面和積極態度

即使是懲罰，主管仍須保持十分正面和積極的態度。讓被懲罰員工瞭解你對他還有十足的信心，只要他可以改正錯誤，所有員工都相信，他將會是公司和團隊上不可缺少的一分子，他也將是貢獻團隊和公司成功的一大動力。

「我瞭解懲罰的目的和執行所需要注意的特點。您能夠用一個例子來指導我如何去運用有效率的懲罰嗎？」阿雄看見蘇總空掉的水杯，連忙將茶水添滿。

蘇總說起他個人親身的體驗。當蘇總還是一個第一線小主管，單位裡有一個製程工程師大衛，總是粗心大意，犯了很多錯誤。有一天，他負責的一個實驗計畫，因為他忽略了薄膜厚度的調整和控制，造成公司報廢了數萬個薄膜產品，因此損失數百萬，更延誤了產品交貨的日程。在事件發生第三天（立即性），當所有數據和調查都指出是這位工程師的錯誤（對事不對人），蘇總找了大衛到了他的辦公室，關起門來（必須在私人和隱密場合）。蘇總帶著微笑對大衛說：「今天想跟你談一談公司近況和對你工作狀況的評鑑和建議。從公司最近才發表的季度財務報告，你應當已經知道，公司經營狀況非常好。

下一季，我們公司預測營業額會增加百分之五，利潤也會增加百分之十，我們團隊也有很突出的表現，我們成功的發展了第三代產品，也剛剛通過 OEM 的測試。謝謝各位同仁包括你的努力（建立一個正面的溝通環境，而且在給予懲罰和矯正之前，讓當事人有預先的準備，才不會造成過度、不必要的爭吵）。

但是，你的工作效率和所犯的一些嚴重錯誤，卻也造成公司以及我們單位極大損失。這損失不僅僅是金錢，產品延遲問題，更造成顧客和公司高階主管對我們執行能力和工作態度的懷疑。」

大衛有些唐突的插嘴，「經理，你有什麼證據或者數據，來說明我的工作效率問題和所犯的錯誤？」蘇總並沒有被大衛無禮的舉動影響，依然保持就事論事的態度，並拿出一張明確列下大衛應改進事項的清單給大衛。「你知道三天前，在你督導下的一個實驗計畫，你沒有驗證，也沒有調控薄膜厚度。你也知道驗證薄膜厚度是製程控制的基本要求，但是你卻犯了這麼大的錯誤，造成公司損失二萬片薄膜片，價值十萬美元。在你負責的『減少製程誤差百分之十』這個計畫，按照我們一起訂定的，應該在上星期要完成。但是你只完成大約百分之五十（明確指出員工做錯事和不良行為）。

所以，以下是你需要改進的。四個星期後，我們再坐下來檢討你改進後的計畫進度和進展成效（指出錯誤行為，要求及時改正）。⑴所有你負責的計畫和實驗必須遵守公司製程守則。⑵你必須在完成實驗和計畫後，整理所有製程數據，然後和你的同事或者我個人討論，確認所有製程條件和數據都吻合和正確。⑶你的另一項任務『減少製程誤差百分之十』，需要在一個月內完成。如果你需要其他資料或者其他部門協助，以便可以按時完成任務。把你的要求，在下個星期提出來。」

「這是一個十分有效率的懲罰和矯正，您應用了所有懲罰和矯正所必須注意到的特點和事項。您不但考慮到當事人的感受，也十分明確指出問題癥結，並且仔細列入改進措施和您所要求的結果。」阿彬聽完蘇總舉的例子，說出自己的感想。

「現在那位大衛的表現如何？」阿雄好奇後續的發展。

「經過那次的懲罰和糾正後，大衛也瞭解那是他工作上最大缺點，他花許多心思去改進，並且經常性的，要求同事和我本人，給予他回饋。雖然，大衛不是我們公司中最有效率的員工，但是他現在非常仔細，而且很準時的完成任務，也大大的降低犯錯的頻率。重點是，這懲罰和矯正不但對大衛產生很正面的影響，也減少他所犯錯誤造成公司的損失，可以說達到雙贏的效果。」蘇總在腦海裡回想大衛近來的表現，給予他正面的肯定。

阿雄繼續「獎懲」的問題，「如果員工對於獎懲沒有回應，最後是否就只能解雇他？對員工會不會不人道或不公平呢？」

蘇總回答，「基本上，懲罰是領導與管理在精神上最難執行的部分。如果員工無法改變行為，改進錯誤，是的，解雇員工可能是唯一之途。但是，解雇並非就是不人道、不公平的，有時候對於受懲罰的員工和公司來說反而是最好的事。」

阿雄不以為然的問，「解雇對員工來說怎麼會是最好的事？」

蘇總回答，「記得，懲罰的目的是讓員工瞭解問題、加以改進。有時候，員工必須遭受解雇才會勇敢面對問題、求進步。我舉一個有名的例子來印證。」

被炒魷魚的賈伯斯

一九八五年，賈伯斯因為和公司執行長及董事會不和，被董事會以他的行為和舉動傷害到蘋果公司為由而解雇他。賈伯斯日後說，被蘋果解雇，是他職業生涯中最好的事。因為解雇讓他重新開始，對世界更充滿好奇，並讓他進入最有創造力的人生階段。

蘇總總結，「從大衛和賈伯斯的懲罰例子來看，基本上說明了執行懲罰雖然困難，但是對於主管而言是很重要的職責，有效率的懲罰對於公司和個人都可以產生正面有效的影響。」

「如果我用先前實習課程中，飛機或者輪船的故事。你知道你具備所有的技能和儀器來幫忙你平穩、安全、快速的駕駛這架高性能飛機。你已經具備創立一個高效能的團隊的所有工具。」蘇總開始為今日的聚會做最後的結語，阿雄和阿彬專注的聆聽。

在領導與管理一個團隊時，首先，每個人要具備「領導與管理」第一大祕密，熱愛你的工作，才能像一架高性能飛機衝破一切亂流，接著團隊必須有明確的願景和目標，規劃出階段性，具有挑戰性，但可以完成的目標努力向上提升，這也就是第二大祕密。有了第一和第二大祕密，團隊現在需要第三大祕密，有效溝通，隨時隨地的將訊息正確的在上司及部屬間流通，整個團隊始終保持於一個良好溝通狀況。就如同駕駛飛機，必須隨時與塔臺、內部工作人員及乘客保持良好溝通，並且提供信息，以便讓所有組員都瞭解每一時刻狀態，也可以隨時調整應變措施。

在有了第一、二和三大祕密後，如何使一架飛機更加平穩並且增進航速向前推進？第四大祕密公平、公正、合宜的獎賞和懲罰提供了這個功能。一個有經驗的駕駛員，必須避開亂流（懲罰），調整飛機到平穩高速氣流（獎賞）。之後，隨時微調，讓飛機可以一直保持在最高速、平穩的狀態下前進。駕駛飛機是如此，領導與管理團隊也是同樣道理，雖然領導與管理團隊牽涉到人，而人的天性和感情的本性，將整個領導與管理變得更加複雜。但是，主要成功的要素是不變的，只要謹守祕密的要領，再加以隨時隨地瞭解並注意人的天性、本性和感情因素，如此就能訓練自己成為一位關懷人性，具有高效率的主管。

「到目前為止，我們完成了領導與管理的第四大祕密：公平、公正、合宜的獎賞與懲罰，大家還有其他問題嗎？」阿雄和阿彬同時回答：「沒有。」蘇總繼續說，「阿雄，你已經具備了第一到第四領導與管理的技能，好好利用它去實習，你已經可以創立一支屬於你自己勝利的團隊。」蘇總衷心的說道，「阿彬和阿雄，謝謝你們來到這裡同我一起研討第四大祕密，我們三個月後再見。」

阿彬和阿雄也回答，「我們才要再一次的感激您，不吝嗇的將這些寶貴經驗和我們一起分享。謝謝您。」

阿雄步出了餐廳，和阿彬、蘇總道別後，在開車回家的途中，阿雄心中感到十分踏實，他不再對領導與管理團隊感到惶恐。相反的，經過學習四大祕密後，他有信心，自己可以成為一位有效率的經理人，也有自信，他的團隊將成為一支勝利的團隊。

管理格言

《領導階層的挑戰》作者 James M. Kouzes 和 Barry Z. Posner，美國 San Clara 大學商學院院長在書中指出：

適宜的獎賞可以：

1. 幫助個人建立自信心，也可以提高個人執行效率和團隊的工作成果。
2. 建立積極和正面的環境，樹立一個充滿希望和互助的工作團隊。

適宜的懲罰和教導可以：

1. 幫助個人除去不良的習性，鼓勵個人不斷消除自己短處，增強自己長處。
2. 除去團體中消極和不合群的環境，除去個人間不信任和猜疑的問題。

UNIT

6

領導與管理的第五大祕密：「團隊合作」

橄欖球隊的啟示

從五月份開始到今天七月份了，在這二個月中，阿雄身體力行的應用每一條領導與管理的祕密。此刻，他不但工作和生活得心應手，績效也日日增進，十分受到上級和公司的重用和賞識。就在七月底的星期四晚上，他突然接到一通蘇總打來的電話。「阿雄，這個週末，有沒有空到南部看一場橄欖球賽？」蘇總問阿雄。

「有空啊，但是，我對橄欖球可是一竅不通，雖然在北部讀高中時，學校也有橄欖球校隊和一些橄欖球的活動，但是，我自己從來沒有親身體會過這種球類。」阿雄回答。

蘇總笑道，「沒有關係，我會介紹你認識橄欖球。雖然這種球類打起來，讓外行人感覺是毫無章法。其實，只要你認識幾個基本規則和打法，你會瞭解橄欖球其實是一項很有紀律，高智慧的紳士運動。好吧。那麼，星期六早上七點我到你的住所，我們一起開車南下。」

星期六，在開車南下的路途中，阿雄開口問，「蘇總，您是何時開始接觸橄欖球的？」

蘇總回答，「直到大學一年級前，我的身材一直屬於高瘦型（一百七十五公分、六十公斤），而且體力很差。記得剛考上大學，在成功嶺六週軍事訓練，在部隊聽訓過程中，我經常體力不支，暈倒在地，實在是很差勁。這外在體能的脆弱，也影響到我內心的自信心。因此，進了大學之後，我決定接受挑戰，選擇困難度最高的橄欖球隊，作為自己的磨練。」

「如果只是要磨練自己，接受挑戰，為什麼一定要加入橄欖球隊？其他球類和活動，像足球、登山、籃球、手球、劍道等等，也是十分刺激，而且具有挑戰性的。」阿雄好奇的問。

「我在臺南念的大學是一個臺灣英式橄欖球的聖地，以前在臺南火車站廣場前花圃裡有一尊三人雕像，這尊雕像就是以橄欖球為主題。再加上，我覺得，我需要的是一個可以完全脫胎換骨的改變。橄欖球所呈現的挑戰性和困難度，剛好可以彌補我的弱點。我告訴自己，如果大學四年的學業是讓一個年輕人準備好去接受未來人生和職場的挑戰，那麼，經由完成橄欖球的洗禮和挑戰，加上四年所學的知識，我必然可以在未來人生和工作中，創造出值得回憶的成功旅程。」蘇總細細道來。

「那橄欖球的訓練帶給您什麼收穫？」阿雄又問。

「橄欖球帶給我大學四年多彩多姿、酸甜苦辣的生活。如果，我將大學四年生活比喻成一碗牛肉麵，那麼橄欖球就是牛肉麵裡的辣椒。如果沒有辣椒的點綴，那麼這碗牛肉麵就不是那麼好吃了。」蘇總一面回味，一面開心的說。

「很有意思的比喻，牛肉麵加辣椒。如果按照這個比喻，那麼我大學四年的生活就像忘了加鹽的牛肉麵。除了讀書以外，好像沒有什麼值得回憶的！」阿雄插嘴說道。

「橄欖球除了是牛肉麵裡的辣椒外，它也帶給了我人生和工作上成功的三大要素。」蘇總回答。

阿雄問道，「哪三大要素？」

成功的三大要素

強健的身體

蘇總說道，「第一要素是強健的身體。從大學以來，經過橄欖球的洗禮，我一直維持每天運動的習慣。即使是現在，我仍然每天早上長跑三到五千公尺，三十分鐘。這長跑習慣不僅僅是我消除工作壓力的最大祕方，也是提升我工作熱忱的最大來源。」

阿雄點點頭，贊同健康的身體會是成功的重要因素。

過人的意志力和持久力

蘇總接著說，「第二要素是過人的意志力和持久力。橄欖球是一項對個人體力、耐力，特別是意志力的考驗。在我打球的時代，十五個人上場比賽，上下場各四十分鐘，總共八十分鐘。比賽規則是沒有替補。即使是受傷，也不准換人。這表示如果代表球隊上場比賽，就必須打完八十分鐘，不管輸贏，不論發生任何事情，你絕對不能退縮，不能逃避。這也就是英文裡所說的"Never, Never Quit"的道理。在我人生旅途裡，在幾次逆境中，我一度嘗試退縮，但是橄欖球的永不退縮的精神，讓我很勇敢的面對每次逆境。而且愈是困難的情況，愈激發出我內在的潛能。」

阿雄露出頗為好奇的表情說道，「您能不能分享一下您的個人經驗，您是如何應用橄欖球永不退縮的精神來克服人生的逆境？」

「我有二個個人親身經驗可以和你分享。第一個經驗是在我大學四年級時，當我發現自己只剩一年就要畢業了，畢業後去當兵，考研究所或者出國。頓時間，我感到前途茫茫。我知道，我的最後目標是出國留學，但是我在大學普通的成績和普通的英文程度，是不足以申請到國外研究所的入學許可。」蘇總一面開著車，一面說道。

「因此，我必須利用大四一年彌補所有大一到大三荒廢的學業，也必須準備通過預官考試和考上國立研究所的入學考試。基本上，我必須在大四，讀完大學四年課業，再加上預官考試。在我決定接受這項挑戰後，我每天讀書十五到十八小時，對個人體能意志力，都是很大的考驗。我自己也在許多次夜深人靜時，感到自己無法撐過去，想過放棄。但是，很快的，橄欖球的訓練告訴我。如果在一所六千多個人的大學裡，只有二十幾個人可以通過橄欖球的磨練，而我也是屬於這二十幾個人其中一分子，其他六千多個人做不到的事，我是可以做到的。因此，我沒有放棄，堅持到最後一分鐘，也完成了我的目標考上預官，考上國立大學研究所，最後，到國外深造。」蘇總繼續說道。

阿雄專心的聽著，並又問道，「那另一個經驗是什麼?」

「第二個經驗是我到美國深造的經驗，在二、三十年前，留學生到美國深造是一項很大挑戰。當時臺灣經濟並非十分富裕，加上資訊的不發達，而且東方人或者東方商店，在許多美國城市是很難看到的。當我初到美國求學時，由於人生地不熟，加上英文語言能力不足，在課業上和博士及格考試不盡理想。這外在壓力，加上內心的空虛，多次心中興起了打包回臺灣，放棄博士學位的念頭。但是，很快的又想到自己受訓準備大專盃橄欖球時光，跟著球隊從大學校園跑到海邊的安平古堡，來回總共八十分鐘不休息，不停頓，不管身體、四肢、膝蓋如何疲倦，一次再一次的完成長跑，完成訓練。」蘇總繼續說道。

「我又告訴自己，如果自己可以撐過大專盃訓練，如此嚴苛的要求，不曾退縮和逃避。那麼，現在所碰到的挫折和困難，實在是不足以憂慮的。這永不退縮的精神又一次幫忙我完成了博士學位，而這一股精神也一直陪伴我到現在。」蘇總彷彿再回到當初的情境，與阿雄分享他的心情。

「非常有教育意義的個人經驗。這永不退縮的精神也是我今後需要培養的能力。您提到橄欖球帶給您人生和工作上的成功三大要素，我們談到第一要素——強健的身體，第二要素——過人的意志力和持久力，什麼是第三要素？」阿雄追問道。

團隊合作

蘇總說道，「第三個要素就是從橄欖球中，我領悟出領導與管理的第五大祕密：團隊合作。」

阿雄很驚訝的問，「橄欖球和領導與管理祕密第五條：團隊合作，有什麼關係呢？」

「在解釋橄欖球和第五大祕密的關係前，讓我先介紹橄欖球初級（課程101）❶解說。英式橄欖球隊是由十五人組成，八個前鋒，七個後衛。前鋒主要任務就是爭到球，保護球，然後將球傳給後衛。通常後衛球員是一些體格比較瘦小，但是速度和爆發力較好的球員。當前鋒集體爭到球傳給他們後，後衛主要的任務是突破防守對手，或者引誘防守對手注意力集中到自己身上。然後，再瞬時將球傳給隊友，製造機會，讓隊友可以突破防線，跑到對手達陣區去得分，稱為Try（得分）。」蘇總一面解釋，一面注意阿雄是否聽懂。

阿雄問，「根據您所介紹的，橄欖球賽是由一隊十五人，分別為八個前鋒和七個後衛所組成，每個人具備防守和攻擊的責任。前鋒主要任務是集團爭球、保護球，然後由後衛球員來突破敵隊防守。主要目標是球員抱球，跑到達陣區得分。」

鬥牛

蘇總笑嘻嘻的說道，「阿雄，很好。你已經有了初步的橄欖球概念。」

❶ 在美國的教育體系中，課程編號凡是以1開頭者，即為該類課程中的最基礎課程。

在戰術上，前鋒有三個基本團隊戰術。這三個基本戰術足以主宰勝敗的關鍵。第一個叫鬥牛(Scrum)，鬥牛是兩邊前鋒各八位隊員築成一輛人肉戰車去爭球。蘇總有備而來的將事先準備好的資料遞給阿雄，就像這個圖（圖二十七）。

在這個人肉戰車中，後面球員用肩膀推在前方隊友的大腿後方。藉由一層一層力量的傳遞到最前端1、2、3號球員，藉由整體八個人的團隊力量去推走對手，將球爭到自己的方向。在這個人肉戰車中，只要一個位置脆弱，就會削弱整體力量，就會被對手推著走。因為整個人肉戰車是靠八個人一起同時出力，因此球員之間必須有絕對的默契和信任感，才足以成為有力量的團隊。這團隊的默契、信任感是靠平日訓練而來的。

爭邊球

第二個叫爭邊球(Lineout)，爭邊球通常由前鋒組成爭邊球隊伍，排成一條線，就像圖二十八：

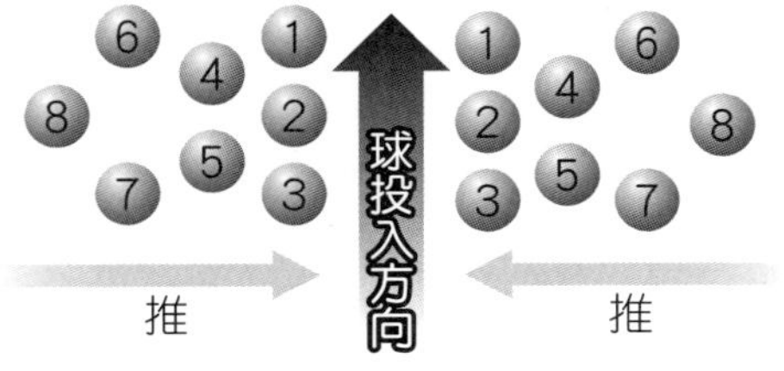

圖二十七　鬥牛

圖二十八　爭邊球

七位前鋒排成直線，在球投入之前，暗號會指示自己隊友，球將投入哪個位置和高度。因此，當球投入時，所有球員會集結到特定位置（像4號）。二至三名球員幫忙4號球員躍高，然後一起高高舉起來，接球下來。其餘球員則一起共同築成保護隊形，防止敵隊衝破人牆，奪取球。一個有效率的爭邊球團隊，也是建立在默契和信任感，默契靠平日訓練而來；信任感，則是相信你每個隊友，大家會盡一切努力，不論如何去完成自己職責。如果沒有默契和信任感，這個爭邊球隊形就無法完成，隨時會崩潰的。

正集團和亂集團爭球

第三個叫正集團和亂集團爭球，就像以下圖形（圖二十九）：

亂集團是球落在地上，前鋒一起踩過，並築成一道人牆，將球爭到我方來，隨後才傳到後衛攻擊。正集團和亂集團很相似，唯一不同的是球不在地上，而是由球員抱球在身體上，再藉由其他球員築成人牆保護球和隊友，然後將球傳出。

後衛線

至於後衛線，所有後衛的攻擊和防守都是單獨性，通常是一對一。

在防守時，對手會從你和你隊友間隙切入，造成你和你隊友之間的猶豫，然後突破防線。因此，最好的防守策略，就是你和你隊友間的默契和信任。誰靠近對手，就擒拿他，不必猶豫。即使可能漏掉你的敵手，擒拿不成。但是，跟著你的第一個支持隊友，第二個，第三個隊友，同樣的不猶豫擒拿對手。如此，你的對手一定會被擒拿倒地，無所遁形。在進攻戰術中，主要強調將對方防守球員注意力吸

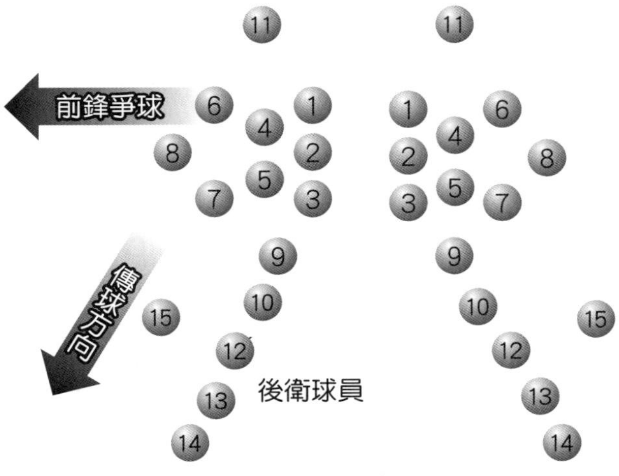

圖二十九　正集團和亂集團爭球

引到你身上，製造隊友的空檔，然後將球傳給隊友，自己同時配合支持隊友。整體攻擊，強調球隊整體一起移動，沒有個人主義，一個接著一個動作，前仆後繼，直到達陣為止。

不良團隊的五大特徵

阿雄好奇問，「從您所介紹的橄欖球規則、戰術和精神，整個橄欖球精神就是團隊合作精神，而這團隊合作則是建立在球員之間的默契和互信的基礎上，為什麼互信是團隊合作的根本呢？」

蘇總神情愉悅的說道，「沒錯。橄欖球精神就是團隊合作，就是建立在互信和默契的基礎上。互信是團隊合作的基礎。通常一支功能不良的團隊，其根本起因就是不信任。作者 **Patrick Lencioni** 在《團隊領導的五大障礙》(*The Five Dysfunctions of a Team*) 一書中描述一個團隊的五大功能不良的特徵，就像一個金字塔圖形（圖三十）。」

「一個功能不良的團隊，起於缺乏信任。團體成員，由於缺乏彼此互信和瞭解，就害怕不同意見和觀點。為了避免衝突，彼此不互動和不交往。因此樹立一個合群、協調團體的假象。當一個團體無法建立互信，和共同以團體利益為目標的共識情況下，就沒有辦法凝聚個人和團體的專注和投入。如此惡性循環下來，這種團體人人避免責任，也不重視團隊目標。」蘇總邊說邊確認阿雄是否瞭解這個金字塔的面貌。

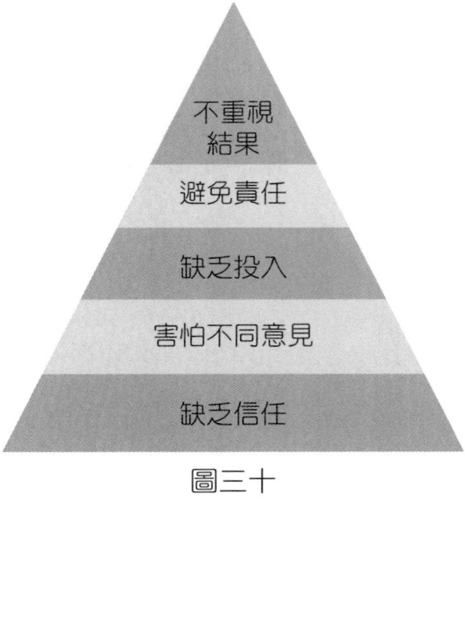

圖三十

「將自我的利益視為做事的重點。人人只圖個人利益、地位和權力，也沒有團隊觀念和歸屬感。通常只想收穫，不願付出。這也就是為什麼 Patrick Lencioni 描述一個健全、有效率的團體必須由互信開始。藉由信任，誘使團體自發性、協調和綜合不同意見，異中求同，規劃以完成團隊目標的共識。有了信任和共識，個人的投注性和責任隨之而來。最後，一起努力達成團隊共同目標。由 Patrick Lencioni 所描述，互信是一個健全團體的基礎，和我剛剛描述橄欖球精神著重默契和信任的道理是互相一致的。」蘇總再次前後印證。

蘇總接著說，「在解釋了橄欖球初級規則和戰術後。接下來，我要討論下一個主題，『如何去建立一支有傳統和勝利的橄欖球隊』。」

阿雄問，「蘇總，您畢業的大學在臺灣是有名、有傳統的橄欖球隊，這是大家都知道的。你們是如何訓練和培養出這支團隊？」

如何培養一支勝利的球隊

基本功

蘇總說，「在我就讀的大學，球隊經由長期的經營和努力，已成為一支令人敬佩的球隊。而一支好橄欖球隊，首先由挑選好球員開始。由於大學生對橄欖球的不瞭解，甚至錯誤的觀念，造成大部分有運動細胞，體格好的運動員都不會主動的加入橄欖球隊。因此，每年在新生報到之後，球隊所有現有球員，加上教練和校友，就開始邀請和物色最有潛力的球員去加入球隊。為了達到爭取最佳球員（其他校隊像手球、足球、棒球、籃球等等也在爭取同一批球員），現有球員、校友，用免費早、午、晚餐，再加上幫新生處理選課、住校等等雜事，甚至有時也利用人情攻勢，隨時讓新生感到如家庭的溫暖。所有的努力，都是為了爭取最好的球員加入。」

「這些服務還真是周到，沒想到要花這麼大的功夫。」阿雄驚訝的說道。

「對啊！有了球員加入之後，下一個步驟，就是按照球員體格、耐力、運動細胞、技巧等等，加以分配球員位置。通常體格健壯，短跑速度較慢的球員，加入前鋒隊伍。有爆發力，短跑速度較快的球員，則主要打後衛的位置。在分配好球員的防守和攻擊位置後，球員就開始橄欖球球技訓練。」蘇總語氣輕快的說道。

針對專長各司其職，這就像公司在招募員工一樣，阿雄心裡想著。

「首先，從基本動作開始，這些基本動作包括前鋒的鬥牛、爭邊球、正集團、亂集團，後衛的接球、傳球、踢球等等。每個球員，每天不斷操練基本動作，除了運動技巧的增進外，基本動作的訓練更著重提升球員體格、耐力和持久力，以便成為一個真正的橄欖球員。」蘇總頓了一下，繼續說道，「有了紮實的橄欖球基本動作後，才開始團體的戰術練習。所有團體的戰術練習，主要是在讓每個球員瞭解自己位置和職責，將自己在整個團體戰術的職責和效果表現出來。更重要，藉由不斷的團體戰術的演練，球員之間不斷培養默契，也增進球員與球員之間的情感。最終的目的，則在於建立一支完全互信的橄欖球隊。」

建立互信機制

蘇總繼續描述，「當你加入球隊一段時間後，你會發現球隊有一緊密和強大的校友組織和支援系統。球隊也實施學長制度，在校的球隊組織，高年級球員有絕對的權力和相對的責任。高年級球員肩負著訓練和提升低年級球員球技，也負擔照顧低年級球員生活和學業上的幫助。」

「您所介紹的學長制和校友支持系統也跟近代『企業』所謂好友(Buddy)和導師(Mentor)有共同點。」阿雄說道，他一面聽著蘇總的解說，一面將自己的經驗，與蘇總所提的經驗進行類比，幫助自己瞭解第五大祕密的真意。

蘇總繼續說，「接下來，球隊開始準備年度的大比賽──大專盃，每年的大專盃是檢驗球隊訓練成果的時候。雖然，贏得大專盃冠軍並不足以代表就是一支有傳統、優良的勝利團隊。但是贏得大專盃冠軍必然是一支有傳統、有效率的球隊共同，也是最終的目標，贏得大專盃冠軍的目標和企業成為世界第一的目標是一致的。」

阿雄問，「你們是如何準備這一年一度的大比賽？」

「除了平日練球外，在離大專盃一個月前，全體隊員有一個月集訓。所有球員由學生宿舍搬到集訓室。每天十點就寢，早上六點起床練球。在集訓期間，每日早上和下午都有練習。早上長跑練習，由大學校區跑到公園、名勝古蹟，不間斷的跑八十分鐘。而且是整個球隊一起跑。這個非常艱苦的磨練中，你和整個球隊所有隊員，在跑步過程中，相互鼓勵，一起打氣。尤其在回程中，當大家都已經筋疲力盡，藉著一股球員間的鼓舞力量，大家一起堅持到最後一分鐘，完成自己覺得不可能完成的任務。我記得，每次當我和隊友一起完成這艱苦的八十分鐘長跑，我們對自己的自信心也更增進一層。下午的練球，除了增進橄欖球基本技巧和團隊戰術的演練外，也是體力、意志力和持久力的磨練。藉著球員之間的相互鼓勵，大家一起克服身體的痛苦和疲憊。經由這艱苦的訓練，球員間建立一層深深相互依靠和信任的團隊情感。而這種團隊情感，愈在困難和不順利的處境，愈是深植於每位球員心中，發揮它的效果。」蘇總說道。

「在大專盃比賽中，上場十五名球員必須完成八十分鐘的比賽，不能替換任何球員。比賽勝負的關鍵不是決定於球員個人的球技和體能，而是決定於團隊的合作、信任感、堅決力和毅力。最終的勝利是屬於能夠堅持到最後一秒的隊伍。在比賽中，我們的座右銘是『你累，你的對手比你更累，如果你比你的對手多撐上一分鐘，勝利就屬於你的』，『在比賽中，用盡你一點一滴所有的能量，不要留下任何體力，否則在比賽終了的哨聲響起時，你將會後悔』。」

「在完成年度大專盃後，球隊還有其他活動嗎？」阿雄又問道。

營造凝聚力

蘇總說道，「結束了一年一度的大專盃比賽後，接下來就是準備球隊的隊慶。每一年的元旦，昔日球隊球員，從臺灣東南西北，甚至全世界各地的隊友都會回到母校，回到球場和在校生一起比賽。在友誼賽後，是球隊隊慶的慶祝酒會，在酒會中，在校生和昔日校友、家屬們打成一片，閒話家常，一起回憶往日大學橄欖球隊生活中的酸甜苦辣，和一起走過的點點滴滴。所有校友回到球隊，就像回到自己的家庭一樣。在慶祝酒會後，校友們會贊助球隊隊費，以便支持球隊下年度的集訓和大專盃比賽的所有費用支出。校友們所提供的，不僅僅是金錢的資助，更是精神和維繫球隊優良傳統的最大支柱。」

「我知道了，這樣的良好關係，應該可以說是一種正向循環力量，讓昔日隊友與在校生互動，一定會讓每個參與的人都能產生認同感。」阿雄忍不住說出了心裡的感受。

「是的，藉由在校生和校友們深厚的感情，整個球隊有一個非常優良的傳統。這個優良傳統是由歷屆校友所建立起來的。在這麼艱苦的橄欖球訓練中，加上大學課業、服役、考試、就業種種的壓力下，球員和校友們，在沒有報酬，沒有任何物質或非物質的好處下，每位球員、教練和校友們只有付出沒有報酬。每一個人的努力就是為了延續和開創球隊綿綿不斷的傳統。」蘇總繼續說道。

這時阿雄問道，「在維繫這優良傳統的過程中，一定有許多感人的故事？」

蘇總回答，「是的，一個傳統是經由許多人的付出和感人的故事，去創造出球隊的光榮歷史，創造出自我驕傲的球隊傳統。」蘇總緊接著分享了幾個小故事。

記得一個民國六十八年畢業的校友，大四期間，為了準備研究所考試，大專盃集訓期間通宵熬夜讀書，因此早上練球時間遲到了。練完球後，被教練和隊長罰跑十圈操場。他二話不說，臉色蒼白的跑完十圈。過後，隊友才告知教練和隊長，他是因為熬夜讀書，才會遲到，耽誤練球時間。這位第六十八級的校友，他有最好的理由和藉口，來說服教練和隊長，他為什麼遲到，去避過十圈操場的罰跑。但是，他選擇了遵守球隊傳統。球隊傳統中，你如果練球、比賽遲到或者缺席，你就得接受十圈罰跑，沒有任何理由。

第二個故事，是發生在民國七十一年球隊隊長。在大專盃比賽中，因為受到他隊球員撞擊，造成額頭裂傷，需要縫十針。在醫院治療完後，他趕回球場，額頭綁著紗布，加入下半場比賽。當其他球員看到隊長負傷，頭上縫針，還奮不顧身，回到球場，許多球員眼眶都溼了。當其他人問這位校友為什麼又回到球場，他說他是球隊隊長，隊長的職責是和球隊一起比賽，完成目標，延續球隊傳統。他不能成為間斷球隊傳統的隊員或隊長。這位隊長為了延續球隊驕傲的傳統，所表現出的精神和魄力使蘇總十分敬佩。而他自己也很慶幸的，可以和這位隊長一起縱橫球場，有機會親身見證到這麼一段可貴的傳統。

優良文化的特性

蘇總進一步描述團隊中的優良文化，它包括了：

具有競爭性

比賽就是獲得勝利，要拿冠軍。平日訓練就是比賽，必須有方法，有制度，有順序的一步一步紮實向上進步。所有訓練和比賽的目標就是拿冠軍。拿冠軍不是一個選項，而是「僅有」的選項。成功的企業也必須建立在高度競爭性下。

遵守比賽規則，勝不驕，敗不餒

尊重和服從裁判和規則，不可以走後門和以欺騙手段來取勝。也絕對不可以羞辱你的競爭對手，來滿足自己勝利的喜悅。勝利喜悅是出自於團隊一起奮鬥，在非常困難的狀況下，共同完成目標。同樣的，輸了比賽後，也要很誠懇的恭喜你的對手，完全接受輸球的事實，然後，再接再厲去爭取下一次勝利。就像成功的企業必須是守法並有最高法律和道德標準的。

傾盡全力，堅持到最後一秒鐘，絕不放棄

不論比數多少，不論自己身體和心理多麼疲勞，只要在訓練和比賽中，當你代表球隊，你就必須盡完全責任。你必須傾盡全力，一直向前，堅持到最後，絕沒有放棄的想法和行為。相同的，一個成功的企業必須是永續的、有長遠的目標。

一個大融合的家庭式感情和支持系統

不論你身分、背景、經歷、性別差異，一旦成為球隊的一分子，就終身成為球隊一

分子。在這個團體中，球員、教練和隊友不僅僅是一個球隊，更是一個大家庭。大家的感情和關係不僅僅在比賽和訓練的球場上，也在生活和個人關係上，彼此扶持，互相幫助。在日常生活中，所有成員像在球場上共同爭取一顆橄欖球的目標一樣，維持長久的情誼和感情。應用相同的道理，成功的企業必須有健全、緊密的員工關係和高度的社會責任。

有很明確的「願景和目標」

如果大學教育像吃一碗牛肉麵，那麼橄欖球就只是牛肉麵中的辣椒。每位球員知道打橄欖球不是你的「願景和目標」。每位球員的最終目標，是獲得最好大學教育，培養最佳人格。為自己訓練強健的體魄，未來成為國家和社會的棟樑。橄欖球只是提供給你一個更美好的大學回憶，並且藉由橄欖球的訓練和精神，訓練自己在日後工作和人生中另一項有效率的競爭工具。成功的企業一定有明確的願景和目標。

聽到這裡阿雄好奇的問，「蘇總，您是如何應用自己橄欖球的經驗去整理和領悟出『領導與管理第五大祕密：創造一支高度團隊合作的隊伍』？」

建立高度團隊合作隊伍的步驟

蘇總親切的回答，「從我自身橄欖球的經驗，我整理出建立一支高度團隊合作的隊伍必經的步驟。」

吸引最好員工加入團隊，而且盡全力保留最好的員工

就像橄欖球隊道理一樣，一支有競爭力的團隊必須以挑選和吸引最好的員工加入團隊為出發點。

應用團隊長處

即使有了最好員工，一個團隊中，每位員工有其長處和短處，要建立一支高度團隊合作和有效率的團隊，必須善用每個人長處，如此，團隊才可以達成最大效果。像善用橄欖球前鋒和後衛球員長處和短處一樣的道理。

照顧員工、培訓員工

一個團體的執行成就和合作效果，取決於團隊個人的能力和向心力。唯有時時培訓員工，處處照顧員工，才可以達到不間斷的進步，最終創造出一支高能量和有效率的團隊合作單位。像橄欖球緊密和強大的校友組織和支援系統。

主管和領導者承擔責任，將榮譽和成功歸於團隊和屬下

成功是屬於團體而不是個人，唯有主管和領導者可以建立風範，以身作則。有責任，自己承擔，將成功和勝利的榮譽歸於團隊和屬下，以建立一支充分互信、高強度、勝利的團隊。像一支有自我驕傲傳統的橄欖球隊的隊長。

經由以上四項步驟，建立一支有文化，有傳統，人人引以為傲的團隊

阿雄說道，「您講述如何建立一支高團隊合作隊伍的方式，由第一到第五步驟，十分有道理。如果可以完成每一階段的要求，我相信，創造一支有效率、高度合作隊伍的目標一定可以完成。」

維持團隊的競爭力

「但是，您說到建立一支團隊，必須從挑選最好的員工著手。在現實工作環境中，當您被提調為主管時，您必須接受現在的團隊，也不能隨便就解雇員工，從頭開始。因此，必須花一段很長時間，才能慢慢汰蕪存菁，補充新血，達到您心目中理想的團隊人員。在這調整過程中，如何能維持團隊合作和一個團隊的競爭力？」阿雄有執行上的疑問。

蘇總回應，「是的，挑選和吸引最好員工去組成一個團隊，需要長時間的經營，以達成目標。在實際環境中，第一，你不可能吸引所有最好員工，第二，即使是再好的員工，每個人還是有他的優點和缺點。因此，主管在創造一支高度合作和有效率團隊時，除了有一流的人才外，必須應用每個人長處和培訓照顧員工來加入輔佐，才足以完成最大效果，也就是想建立高度合作的隊伍，第一、第二、第三步驟必須合併進行。」

「首先，我們可以用圖（圖三十二），來詮釋如何應用每個人長處去創造團隊最大的效果。」蘇總愉快的說。

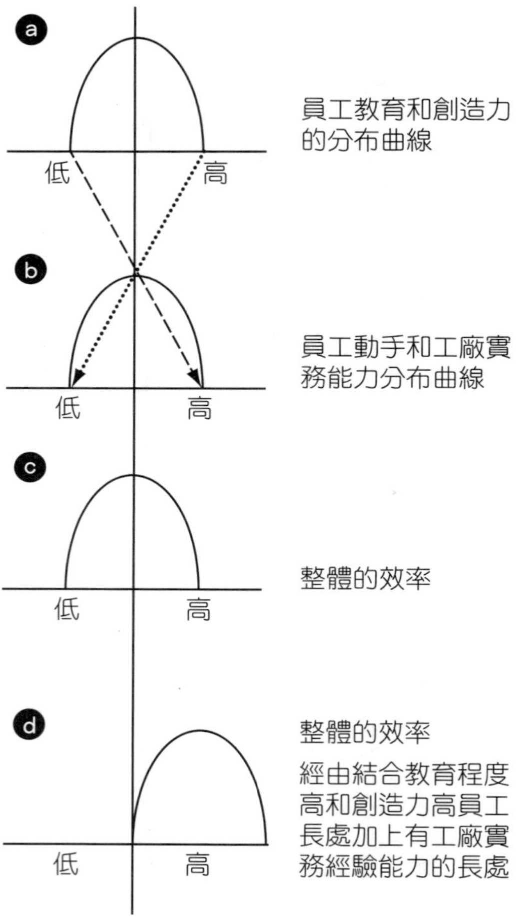

圖三十一

在圖a，說明如果以員工的知識、教育和創造能力來評比，你會發現一個鐘形(Bell Curve)分布圖。大部分人在中間，有一部分人有特別高的教育和創造力，也有一部分人在這方面能力比較欠缺。同樣的，如果你將相同的員工，用動手和工廠實務能力來劃分，它的分布也是呈一個鐘形分布。有趣的是，本來高教育和創造力員工，在以動手和工廠實務能力像圖b來分時，他們卻分布到左邊方向，是屬於較弱的一環。

如果一個主管，無法利用每位員工的長處，分配其最能夠勝任和發揮的工作，那麼一個團隊的效率的分布圖就像c圖，大部分是中等，有些人好一點，有些人差一些。但是，如果主管可以結合知識程度高的員工長處，加上創造力，讓他們和有高度動手能力和工廠實務能力員工相結合，每位員工貢獻出自己的長處，也讓其他員工來彌補自己的短處。那麼，一個高合作、高效率、有能力的團隊就呈現出像d圖一樣的執行成果。

「非常精彩的分析，讓人一目了然，瞭解如何去應用每個人長處，去增進團隊的效率。蘇總，您剛剛說到，建立高度團隊合作、有效率的隊伍的第三步驟是照顧及培訓員工，您可以解釋一下嗎？」阿雄恍然大悟的說。

「我們都知道下面這個式子是一個很簡單的數學式，這說明平均值是由所有個別的值所決定。」蘇總一面望向阿雄說道。阿雄不解的回道，「我知道這是很簡單的數學平均值算式，這跟團隊效率主題，好像沒有什麼關係吧？」

「一個團隊的工作效率和成就是所有員工的總合。因此，一位主管在考慮如何提升整體團隊的效率，最有效方法就是提升每一位員工的能力和效率，提供良好工作環境、照顧員工和不間斷的培訓。當每位員工個別效率提升，整個團隊的效率也就自然增加了，就像剛剛提到的算式一樣。」蘇總針對這個疑慮

$$平均值=\frac{a+b+c+\cdots+n}{n}$$

提出解釋。

成功管理者的特質

阿雄又問，「您提到創造一個高團隊合作、高效率團隊的步驟中，第四項步驟是主管或領導者承擔責任，將失敗和錯誤扛在自己身上，將成功和榮譽歸於團隊和屬下。一位主管和領導者，該如何去思考和應用這些管理方式，使自己成為一位有效率、有管理能力的主管？」

「一位成功的主管，一位可以充分執行高效率的團隊的主管，必須具備以下三項管理事務的特質和二項管理人的特質。」蘇總提出了三、二特質說。

管理事務的三項特質

第一項特質：把功勞歸於團隊和其他人，將勝利和榮譽給予團隊每位成員時，同時將失敗和責任擔在自己身上

「如果主管需要承擔所有失敗和責任，那為什麼勝利不能夠屬於主管個人所擁有呢？」阿雄認為責任與榮耀分配比應該呈正向關係。

「身為一個單位主管或領導者，必須瞭解成功是屬於團隊，而不是私人可以擁有或達成的。阿雄，你看過美式大學橄欖球賽嗎？」蘇總問道。

阿雄回答，「有！我十分喜歡美式橄欖球戰術、體格和速度。那是所有球類無法相比較的。」

「你有沒有注意到，在許多冠軍賽後，贏球球隊抬著他們的教練繞著球場，再離開球場。這不但成為一項不成文的儀式，更象徵了完美的團隊合作涵義。」蘇總詢問道。

阿雄又疑惑的問，「我不瞭解抬教練出場和團隊合作有什麼關係？」

蘇總回答，「想想看，一整隊五十多名球員，經過八十分鐘不斷的擒拿、爭球、流汗，甚至受傷後，在比賽終了哨聲響後的第一瞬間，忘記自己身體的疲勞、體力的透支，跑到教練席上抬起教練。這個人在整場八十分鐘比賽中，沒有接或傳一個球，沒有得過一分，沒有擒拿一個對手，甚至連衣服都還是乾淨的。很奇怪吧？」

阿雄又問，「您講的一點也沒錯，但是我也看過主管或教練們被團隊和球員批評的一無是處，那又是什麼問題呢？」

「因為，許多主管和教練犯了一個很大錯誤，造成團隊和球員很大傷害。這些主管和教練期待或更糟糕的要求團隊或者球員，將他們所完成的任務和勝利歸功於他們。想想看，如果在賽後的記者會上，一個教練將所有勝利歸功於自己，把失敗的責任由球員來承受。這種教練是不用期待球員會全心全力去比賽，球員更不可能在賽後湧到教練席上將教練抬在肩上。這聽起來，似乎是一個很簡單道理。但是在公司、組織、單位或者任何團體中，你可以發現太多主管、教練、前輩、領導者、官員等等和屬下爭功勞、爭榮譽，彼此猜疑、相互爭功、推避責任。這種領導和管理的行為，不但會造成許多摩擦，更削弱團體合作的能力和效能。因此，要創造一支高團隊合作、高效率團隊，必須由主管和領導者個人做起。」蘇總語重心長的說道。

蘇總舉出壞榜樣的例子，「在西元二〇〇八年發生的全球經濟大衰退，就是許多企業和銀行主管過分的貪慾，將公司成長的功勞全歸於自己所造成的。這些主管年薪高達幾千萬美元，但在大衰退發生後，卻將失敗的責任交由下屬來承擔，造成大規模的失業。這類領導人會被下屬拋棄。這樣的壞榜樣在美國、臺灣、全世界都可見。」

「除了第一特質——勝利是屬於團隊的，將功勞歸於屬下，創造一個高合作團隊的主管，管理事務第二項特質是什麼？」阿雄瞭解第一項特質後說道。

第二項特質：整流器（Diode）般的事務管理領導方式

蘇總繼續說，「第二項特質，我稱為整流器般的事務管理領導方式。」

阿雄驚訝的問，「什麼是整流器般的事務管理和領導方式？我從來沒有聽過這種理論。」

蘇總回答，「整流器的功能就是調整，阻絕或者放大電流，也可以調整電流的方向。簡單的說，整流器的管理和領導方式是調整或吸收由上司來的壓力。身為一位主管，你會受到公司管理階層和你的上司不時要求增加效率、降低成本、提升良率、提高研發進度等等壓力。甚至，如果執行成果不彰，公司營運成績不佳，單位則會遭受裁員、處罰等等不同的威脅。這些合理或者不合理的要求和威脅，如果直接加注於團隊和部屬肩上，一定會造成很多摩擦和不必要的憂慮，也會影響到團隊的合作和效率。因此，一支有高團隊合作的單位，主管需要讓團隊瞭解公司領導階層和上司的要求將會一直很高。因為這高水準要求，不僅僅是領導階層的職責，也是帶領公司成為一個賺錢公司的條件。有時候，這些要求甚至不太合理。乍看下，甚至覺得不可能完成。身為主管，你的職責是和員工一起去接受挑戰，也一起享受成功的經驗。所以一位成功的領導者，會將上司的要求，恐懼、壓力、害怕等等消極的心思轉換成專注、接受挑戰，致力於完成目標、時間表、計畫的執行和完成任務。所以，整流器般的事務管理和領導方式就像這張圖（圖三十二）。」

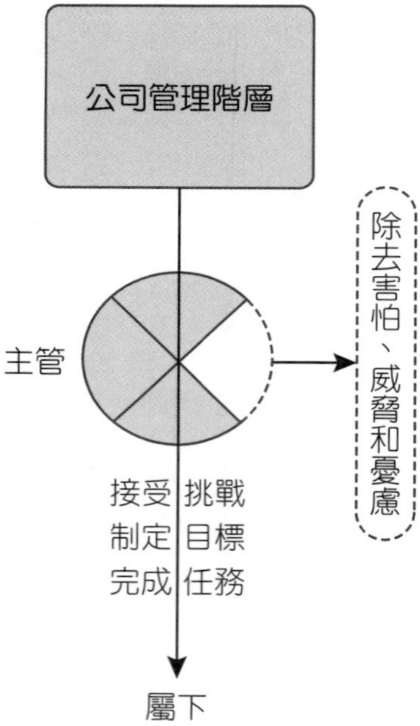

圖三十二

阿雄問：「這整流器的管理方式真是太棒了。什麼是一個高團隊合作單位主管管理事務的第三特質？」

第三項特質：彈簧（Spring）管理領導方式

蘇總繼續說道，「第三項特質，我稱為彈簧管理領導方式。」阿雄說道，「什麼又是彈簧管理領導方式？蘇總，您對管理和領導的理論，不但具有創造力，更有生動性和實用性。您所提到每一項方式，總是讓我不僅僅大開眼界，而且心服口服。」

「阿雄，你太誇獎了。現在，我們談彈簧理論，一個團隊合作和成功，取決於團隊的強度和韌度，唯有持續增加團隊的能力和強度才能夠增進團隊的效率。主管像一副彈簧，要不時的向上提升整個團隊的強度和韌度。」蘇總笑著說道。

阿雄問道，「主管如何去提升單位的團隊強度和韌度呢？」

蘇總娓娓說道，「在一個團隊中，通常有二股力量相互抗衡，就像以下這個圖（圖三十三）。身為一位主管，必須有像彈簧的特質，藉由信任、雙贏、相互瞭解、良好互動和整體共同目標等等向上提升的力量，去完全的擊退向下沈淪的力量。如此，不斷的提升團隊合作和效率，才能成為一支人人羨慕，永遠成功的勝利團隊。」

管理人的二項特質

阿雄又問，「除了以上三項管理事務的特質外，一個成功、高度合作的團隊主管還需具備哪些管理人的特質，才足以領導出一支高效率、完全信任的團隊？」

蘇總回答，「在管理人的特質上，一位突出主管除了具備在『領導與管理』第三大祕

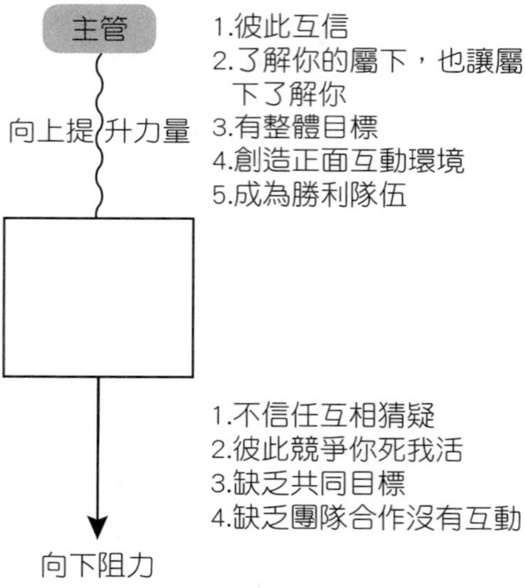

圖三十三

密：有效率的溝通者的個人內在、外表特質外，還必須有另外二項特質。」

以下是管理人的二項特質：

關心你的屬下和團隊

通常員工不會去關心，或者在乎主管或公司的成功失敗與否，直到他們知道主管是真心的關心他們。這也就是為什麼，即使在電腦和網路的高科技時代，電腦仍然無法取代主管，因為電腦無法取代一位關心屬下的主管。電腦是一個只會做事、下命令，但是不關心屬下的主管。

以身作則，用你的心去領導員工

英文的鼓勵是"Encouragement"，在拉丁文中"cour"的意義是「愛」和「關心」。當主管在領導和鼓勵員工，去完成任務，基本上你需要給予他們你的心。主管必須以身作則，用自己真心去領導員工，讓員工瞭解你的真誠和情感。因此，發自於內心深處，忠心的跟隨你的領導。

「先前，您在如何創造一支高度團隊合作和效率的單位的步驟中，最後一項是有光榮和自傲的傳統，為什麼傳統可以增進團隊合作和創造有效率的團隊呢？」阿雄繼續問。

蘇總：「在回答你這個問題前，先談談提升一個團隊合作的動力。動力和意願是不能分開的。唯有團隊個人意願增加了，團隊合作的動力才會跟著產生。」

三種程度的動力

一個團隊合作有三種不同程度的動力。最低程度的動力是服從。服從，基本上，並不需個人意願或團隊合作動力。你去執行工作，因為你被要求去做。第二個中級程度的動力是認知。對團體和單位的認知，產生個人意願和動力，也給予個人投入團隊合作和目標的動力。最高程度的團隊動力是完全自我投入。因此，動力和團隊合作的關係可分為：

(1)最低級↓服從↓完全沒有個人動力↓沒有團隊合作。

(2)中級↓認知↓有個人意願和動力↓中級團隊合作。

(3)最高級↓完全自我投入↓個人意願和團體目標相結合↓高度團隊合作↓有效率、有傳統、成功的團隊。

如果一位單位主管，用服從來推動團隊合作和執行工作，是最簡單，也是最沒有效率的方式。團隊成員去執行工作，只是因為聽從指示，沒有個人的投入或者動力去完成團隊的目標。在這種執行方式下，沒有成功的喜悅或者自我挑戰的興奮。做事只是保住工作，不會被革職，完全沒有團隊的感情和目標。

如果成員由服從進展到另一層級「認知」，團隊成員有了目標和團隊的認知，那麼個人在執行工作任務時，不再是被命令去做，成員瞭解為什麼去做，而明白自己工作成果對單位和公司的貢獻和影響。自然的，就有一份較強烈的個人動力去執行工作，和投入個人推動能力和時間。

越過了認知的階段後，第三階段是團隊合作推動力的最高層次，那就是完全的自我投入。當員工到達這個程度後，個人不但有十分強烈的意願，去推動工作和增進團隊合作。更有強烈感覺到個人的使命感和成就感，對於自己所執行工作和任務有著特別的人生意義和動機，專注創造不平凡的事蹟。這份完全自我投入的動機，不但只為了個人，也為了團體的目標和利益。完全把個人意願和投資，投入到團隊合作和成功的目標上。

優良的公司文化特質

蘇總接著說，「一位主管要將一個單位帶到這個最高境界，除了前面談到主管的管理事務的三大特質和管理人的二大特質外，還需要公司和單位的優良傳統。如此事務才能相輔相成，達到最高境界。」

具備優良文化的公司通常有以下特質：

(1)具國際競爭力：公司必須有競爭力、可以獲利；一個無法獲利、沒有競爭力的公司或單位無法建立優良的傳統和文化。

(2)有最高的工作和社會道德標準。絕對不能有做假、欺騙、賄賂、走後門等不道德或非法的行為。

(3)照顧員工、回饋社會，成為國家社會的榜樣，並具備提升社會福祉、安定地方的力量。

(4)有崇高的、令人鼓舞的願景和目標。

阿雄又繼續問：「您說明了文化的重要性，以及優良文化可以增進團隊合作並創造一支勝利的團隊。那麼，在現代企業中，有哪些例子可以說明文化對於公司的影響？」

蘇總回答：「不好的公司文化比比皆是，在臺灣、中國大陸、亞洲都有許多公司是以賺錢為主要目的，為了賺錢而不擇手段。近年美國次級房貸風暴也是很多不好的公司文化所造成的結果，像雷曼兄弟控股公司（Lehman Brothers）以及許多華爾街公司，都是在『貪慾』文化的迷惑下導致這次慘劇，使得許多善良老百姓受到極大的創傷，所造成的傷害十分廣大。

至於像是《財富雜誌》公布的美國前一百名最佳雇主中的這些公司都有相當好的傳統。其中最有名的是谷歌（Google），谷歌是一間獲利極高的公司，經營十分正派，並有極崇高的企業願景和目標，提供員工最好的福利和創新的工作環境，難怪每天平均有二千人到谷歌應徵工作機會。谷歌的員工不只是因為錢而工作，而是想要改變世界。

另外一個例子是美國生物科技公司 Genentech，和谷歌一樣獲利很高，並且是生物科技的領頭國際公司，在創新和有鼓舞效果的公司願景的鼓勵下，公司員工能夠快樂的工作。其中一位員工在接受媒體訪問時，坦白表示：『即使是野馬也無法將我從 Genentech 拉開。』員工在如此自發性的投入之下，造就了 Genentech 堅強的團隊合作，打造出一支成功、有效率的團隊。」

很快的，車子已經行經嘉義了，到臺南大約有一小時車程，阿雄遞了一瓶飲料給蘇總，順便將今天所學做一個小結，「到目前為止，您藉由自身橄欖球隊的經驗，整理出一套獨特團隊合作的領導和管理方式。藉由這套領導和管理方式建立一支高度合作、高效率的團隊。建立這樣的團隊有五項步驟：吸引最好員工加入團隊、應用團隊長處、照顧員工、培訓員工、主管和領導者勇於承擔責任，及願意將榮譽和成功歸於團體和屬下，如此就能建立一支有優良文化，並能讓員工打從心底引以為傲的團隊。這些步驟相當容易瞭解，我相信我可以應用這些步驟去創造屬於我的一支成功、有效率的團隊。」

阿雄接著拋出另外一個問題：「現代大多數的企業都是國際企業，除了本地員工外，在世界各地都有分公司，就以我為例子：這一年來，由於我們團隊工作績效的增進，我在上個月被賦予更大的職責，我們團隊將負責將新產品轉移到國外生產，以便更接近當地的用戶和市場。我的問題是，在國際化過程中，我該如何挑選員工、培訓員工？如何管理具備多重文化，背景不同的員工？」

多元化和傳統

蘇總喝了一口飲料，思考了一下，然後徐徐的回答：「你所說的多重、多元化，英文稱之為"Diversity"。多元化員工的挑選和培育，對於現代國際企業來說是十分重要的課題，有了一個多元化的團隊，企業就有更好的競爭優勢。環視許多臺灣、中國大陸等亞洲的企業，都很欠缺多元化的員工和經營環境。即使許多國際化企業努力招聘多元化員工，卻無法融合成多元化的團隊，成為競爭的利器。」

阿雄迫不及待的追問：「怎麼去創造和領導一個多元化團隊，讓它成為競爭利器，來建立成功、有效率的團隊呢？」

蘇總回憶自己在國外留學和就業的經驗，然後回答，「基本上，美國就是一個大熔爐，文化和社會都很多元化。我從自己在美國求學和工作的經驗中，整理

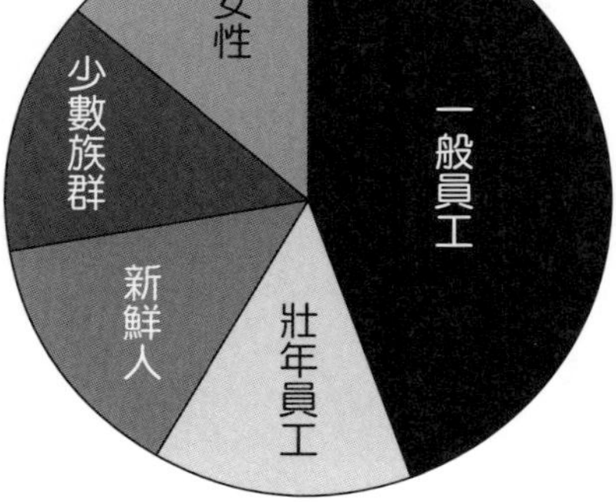

圖三十四

出創造和管理多元化團隊的有效方式，這也成為我們公司建立多元化團隊和環境的藍圖。藍圖包含了兩部分：第一部分是『多元化員工指標』（圖三十四），第二部分是建立『多元化領導階級的捷徑』（圖三十五）。

在多元化員工指標方面，我們的目標是維持女性、少數族群、新鮮人和壯年員工在總數至少佔一半以上。多元化員工指標可以幫助公司在聘雇員工時，挑選多元的人才。至於多元化領導階級的捷徑則是我們會細心挑選有潛力的女性、少數族群或新鮮人，並特別培訓他們。藉由多元化領導階級捷徑的應用，至少維持百分之三十至四十的領導階級是由這些人選來擔當。」

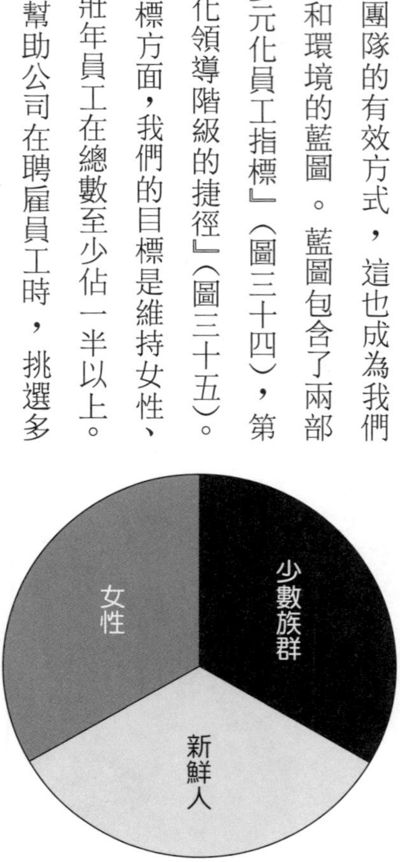

圖三十五

聽到這裡，阿雄忍不住插嘴，「您很清楚地用多元化員工指標和多元化領導階級捷徑建立一支多元化的團隊和領導階層。不過，當我們身為一位主管或領導者，執行這個多元化的藍圖時，有哪些必須學習和具備的技能？」蘇總調了一下車上的空調，緩和一下南臺灣七月炎熱的天氣，說道，「要成功地建立一支多元化、有效率的團隊，主管或領導者必須付出許多心力去經營它，才會有好的績效。經過多年的應用，我個人有兩個相當有效的執行方式。」

走動式管理

第一個方式稱為走動式管理 (Managing by walking around)，就是主管利用不同機會，盡量接觸不同階級的員工，甚至是生產線第一線的員工。當主管多接觸不同員工時，可以藉由交談、互相溝通瞭解不同性別、年齡、文化、教育背景的員工的想法和優缺點；也可以因此拉近主管和不同階級的隔閡。只有當主管和多元化員工建立彼此的瞭解和信任，才能夠成功地建立一個多元化和有效率的團隊。

星期五午餐日

第二個方式稱為星期五午餐日 (Friday is a lunch date)，主管在每個星期五，邀請多元化領導階級捷徑中所提的員工一起共進午餐。利用午餐時間，讓這些未來的領導階級瞭解公司多元化的措施，和培養多元化領導階級的藍圖。藉這個交流機會，也可以和他們討論個人的職業生涯計畫，並且拉近主管和這群未來公司領導階級的距離。

車子很快就下了臺南交流道。蘇總問，「阿雄，剩下最後的十幾分鐘，你對第五大祕密：團隊合作，建立一支成功的團隊，還有其他問題嗎？」阿雄回答，「跟著您今天一早上的學習，我想我對領導與管理的五大祕密已經有相當詳盡的瞭解，我知道身為一位主管或領導者應該如何建立一支有效率的團隊。我最後的問題是，在您所知道的中外團隊中，有哪些最佳的合作例子可以與我們分享呢？」蘇總示意阿雄拿出公事包的夾層裡的一張紙，「這張紙上面寫有『蘇氏團隊合作座右銘』，這是給你的今天課程的禮物。『蘇氏團隊合作座右銘』是我從美國的洛杉磯大學籃球隊前教練約翰伍登 (John Wooden) 學習來的。伍登帶領的球隊勝率超過百分之八十，並且在二十七年中得到十次美國大學籃球賽 (NCAA) 的冠軍。這個紀錄相當不可思議，大概也無人可及。我用這份座右銘來指導自己和團隊建立最好的團隊合作和勝利的團隊。」

蘇氏團隊合作座右銘

第一條：團隊永遠是第一位 (Team First)，然後才有個人。

第二條：團隊合作的精神是你願意犧牲個人利益去完成團隊共同的利益和目標。

第三條：增進團隊競爭能力的最佳方式，就是增進自己和隊友的競爭能力。
第四條：團隊中，如果大家能不計較對方擁有的好處，只關心團隊的成功，這個團隊可以成就任何目標。
第五條：一個最佳團隊合作者，就是讓其他隊員跟著自己變得更好、更有效率。
第六條：短暫的成功可以靠天分，長期的成功必須靠團隊合作的特質。
第七條：領導一個勝利的團隊，領導者必須仰賴自身的吸引力 (Personal Power)，而非被賦與的職位力量 (Position Power)。

當你或者你的團隊對團隊合作有疑惑時，將這七條座右銘細讀一遍，很快的，你就會回到團隊合作的道路上。

阿雄連忙道謝，說著，「言語實在不足以表達我對您的感激，我想能回饋您的最好方式，就是好好實踐領導與管理的五大祕密，然後將它發揚光大。再次謝謝您。」

多重團隊的合作

「到目前為止，您藉由自身橄欖球隊經驗，創造一套獨特團隊合作領導和管理方式。

藉由這領導和管理方式，去建立一支高合作和高效率的團隊。但是，在現實工作環境，主管所需要面對和經營的，不僅限於自己掌握的團隊，還有許許多多不同團隊，我的問題是，身為主管或者部門一分子，如何和其他部門互動和合作呢？」阿雄新問題又出現。

蘇總回應道，「讓我用下面這個齒輪圖形（圖三十六）來回答你這個問題。一個有效率的多重團隊合作，就像一組完全咬合的齒輪軸一樣，每一個齒輪和齒輪之間，經由輪齒的咬合，產生加乘的效果。如此，在施以相同時間和努力，一個完全咬合的多重團隊可以產生極大的工作成果和效率。就如同齒輪功能原理一樣。身為一個單位主管，在與其他多單位合作，必須把握多贏的原理。」

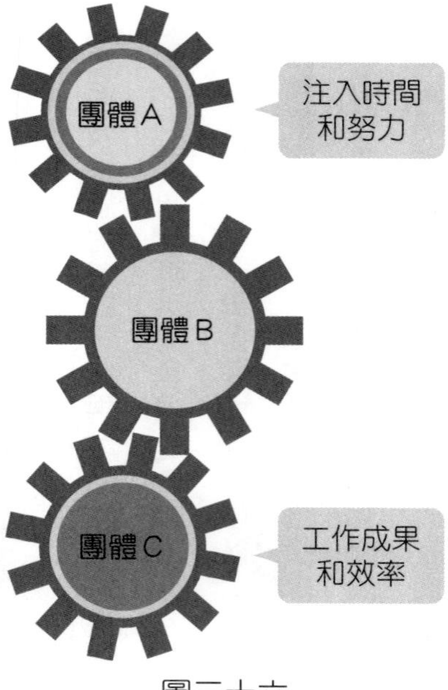

圖三十六

阿雄問，「什麼是多贏原理？」

多贏原理

蘇總回道，「從我個人親身經驗中，對於公司和社會多重團體互動關係和合作的模式，通常你可以歸納出三種類型（如圖三十七）。」

第一類型：一加一小於一（三個和尚沒水喝）

這種類型的公司或社會，彼此之間沒有一點團隊合作概念，互揭瘡疤，只知批評，沒有解決辦法，而且永遠不滿現況，但也不起身去改變。整個公司和社會充滿一股負面的能量，公司和社會似乎籠罩一股你爭我奪，相互攻防，置他人於死地而後快的氣氛。在我們現代臺灣社會中，看看我們政黨間相互批評，就是第一類型最好的寫照。大家為反對而反對，彼此之間，沒有理性，只是沈淪於政治觀點、省籍差異，無法自拔。大家無法尊重不同之處，追求異中求同，共同為臺灣社會和百姓福祉及未來盡自己心力，反

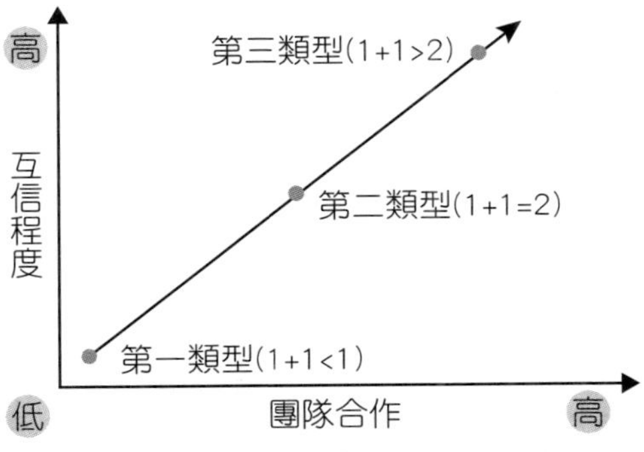

圖三十七

而將社會和國家龐大的社會資源和精力，消耗在這無謂的爭論中，真是可悲。

第二類型：一加一等於二（自掃門前雪）

這種類型的公司或社會，團隊中沒有加乘的合作效應。各別單位，個人全力以赴，去完成個人和自身單位的任務和目標。但團隊與團隊之間，彼此不相瓜葛，不相互惡鬥，但也不加以理睬，也很欠缺互動關係。如果用臺灣社會來看，大部分個人和公司都屬於這個類型。看看現代社會中，大部分人都非常努力自己的工作，賺錢養家。但是，極少部分個人和團體付出金錢、時間、精力去幫忙和關懷社會、照顧弱勢族群。面對層出不窮的暴力、色情、政黨利益輸送、治安等等重大社會問題，大家總是抱著自掃門前雪的態度，不會主動挺身而出，結合其他團體，成為一股社會中堅力量來矯正社會不良風氣和畸形發展。

第三類型：一加一大於二（大家贏）

這種團隊合作方式，在英文稱為“Synergy”（完全協調）的團隊。這種類型的團隊和公司，整體團隊結合在一起，為共同目標努力，產生極大互補和加乘效力，成就了所有單位、公司、社會大家贏的局面。在我個人經驗中，許多有國際競爭能力的臺灣大公司，甚至中小企業，都具備這一類型的團隊合作。記得我大學同學 Michael 在矽谷高科技公司上班，談到一家臺灣中小企業公司。這家公司為了打進國際一流儲存公司市場，整個公司，從研發單位、品管、市場、客戶服務到生產，彼此之間合作無間，不僅僅克服在技術上、資本上和語言上的劣勢，並以高效率的工作、高熱忱的服務、定時出貨，低價位等等優勢，不但取代原來最大競爭美商公司，更成為客戶心目中最好的產品供應商。這個故事也正說明一個具有「大家贏」的團隊合作單位，可以產生的效能是無比的。

「我們要如何領導員工成為第三類型：大家贏的團隊？」阿雄也企圖打造出第三類型的團隊。

「在我們公司，我用以下不同方式來經營第三類型的團隊。」蘇總說道，然後再徐徐地描述以下方式：

活動委員會

藉由跨部門的活動委員會組織不同活動，像年度運動會、年度烤肉、季度乒乓球賽、新年慶祝會、不定期的球賽、登山、健行、自行車等等，藉此消除不同單位的隔閡，增進人際關係，進而加強互信基礎。

社會服務活動

公司鼓勵並提供財務支援員工組織跨單位的社會服務隊，如幫助貧苦人家翻修房舍、淨灘活動、為兒童募集文具、送飯給獨居老人等等。這些社會服務活動非常有意義，也是有效培養大家贏的第三類型團隊的最好方式。

組織一個重點工作團隊

在公司中組織跨單位的重點工作團隊。這個團隊要設定一個公司的整體目標，讓成員有共同目標和一致的執行方向。藉由達成共同的目標和理想，培養成最佳的跨單位團隊。

蘇總繼續說，「團隊合作最高階段就像是不同單位、不同部門彼此操作在一種完全協調的互動下。因此產生一加一大於二，大家贏的工作環境。這種完全協調的團隊合作就像自然循環系統（Ecosystem）一樣，相互依靠，共存互補。在地球上，植物進行光合作用將二氧化碳化轉成人類及動物所需要的氧氣，空氣中含百分之八十氮氣也轉變成植物所需的氮化物營養劑。另外，水的循環，由海洋表面水氣蒸發成為空氣中雲層，而後變成滋潤人類和動物的雨水。這就是地球自然循環系統，如果欠缺其中任何一段步驟，整個循環系統就被破壞，那麼就不存在地球這個高智慧的星球了。同樣的道理，一個最高層的團隊合作就是彼此協調，相互依靠，共存互補，大家一起贏。」

整合多重團隊的方式

阿雄小結說道，「到目前為止，在『領導與管理』的第五大祕密：團隊合作，您介紹了五大步驟，如何去建立一支有效率和高競爭力的團隊，您也說明一位有高度團隊合作主管所需具備的領導方式和個人特質。然後，您說明在多重團隊中如何去應用有效率的互動，以便達成團隊合作的最高階段——完全協調和大家贏的境界。我的下一個問題是一個主管和領導者如何去整合二個或者更多個不同背景和文化的公司和單位。這種整合二個或多重單位的經驗，大家可能都有經歷過，而且很可能都有個很不好的經驗。就拿我自己做個例子，由於這一年來，我工作效率的突飛猛進，我的職位責任增加許多，我由原來管理十多個人的原單位，擴充到現在四十到五十個人的多重單位結合。我發現不同背景和文化的單位，在結合過程中，不僅僅產生許多摩擦和不愉快，也大大減低整個組合團隊的工作效率和潛能。」

蘇總回答，「這是一個非常好的問題，也是在建立團隊合作中最困難的一項工作。這也就是為什麼在許多公司的合併（Merger）的例子中，其產生的效果都不盡理想，像明基合併西門子，九〇年代宏碁合併美國電腦公司，或者惠普（HP）合併康伯（Compaq）的例子。其所產生的效果皆為一加一小於二，還不如個別公司自己經營有效率。在我的工作歷練中，我也碰到結合兩個不同公司和團隊的經驗，我可以介紹我的親身經驗，如何將兩個完全不同文化、傳統和背景的公司或團隊結合成一支高度團隊合作的團體。」

首先，一個主管或領導者，必須把握以下之三大原則：

第一原則：瞭解和尊重每個單位的不同文化和操作形式

如果像先前例子所描述，每個個別團體就像個別齒輪，每個齒輪都有它特別輪齒大小和形狀，在結合兩個不同齒輪之前，必須先瞭解其不同之處。然後，加以修飾、協調，最後才可以有效的咬合，就像以下圖形（圖三十八）：

圖三十八

第二原則：擷取個別團體、單位的優點，然後融入於原有優良傳統和文化中

蘇總舉了自己的一個例子，幾年前，在他結合一支前瞻技術研究室和一支產品開發單位時，發現二個完全不同的文化和執行方式。前瞻技術研究室的研發文化和執行方式就像這圖（圖三十九），所有實驗都根據理論基礎和瞭解來決定實驗。它的優點是對實驗

的結果和現象，都可以有很好的科學理論的解釋和瞭解。相對的，它的缺點是，所有實驗都不超越理論所規範的範圍。許多理論上所無法解釋和預測的實驗數據都被忽略，並且太過於拘限於理論，而不注重於實際，很多實驗結果和理論都流於空談。

圖三十九

相反的，產品開發單位的文化和執行方式，則是一切工作都由實驗開始，然後測試，由測試結果，決定改進方向，如圖四十。

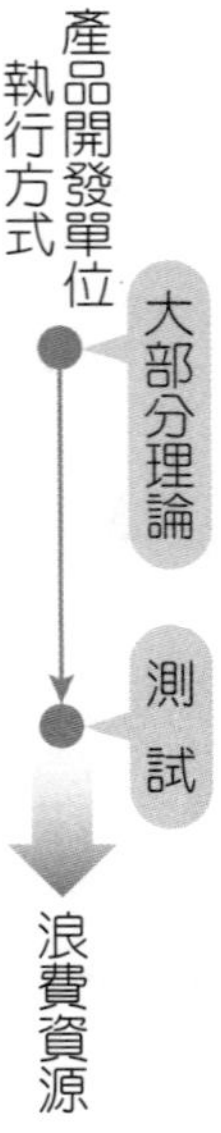

圖四十

這種執行方式，它的優點是非常實際，所有工作方向由測試來主導，不再流於理論上的空談。但是，由於缺少理論的指引和瞭解，許多實驗的方式都採取「瞎子摸象」(Shotgun)的方式，很容易造成資源浪費、又沒有效率的問題。因此，它的解決之道，就是第三原則。

第三原則：融合優點，形成新的文化和傳統，達成一加一大於二的團隊合作

為了結合前瞻技術研究室和產品開發單位的優點形成另一嶄新的新文化和傳統，新團隊創造以下三角形的新傳統：這新文化和傳統結合了原來前瞻技術研究室（理論↓實驗）和產品開發單位（實驗↓測試）的執行方式。創造成了一個更優越、更有傳統的文化和執行方式。藉由不斷執行理論↓實驗↓測試↓理論，新的團隊除去空談和浪費資源的舊缺點。取而代之的是一個實際、有理論基礎的執行方式。開創了一支有效率的新團隊。

「我們基本上已經完成了第五大祕密：團隊合作的所有實習。現在你已經具備有創造一支有效率和勝利團隊的所有祕密，希望你能夠好好的應用，並且加以發揚光大。」

蘇總繼續說道。

甜蜜橄欖球經驗

就在這個時候，他們來到了臺南的橄欖球場，停好了車子，阿雄和蘇總一起步入球場中。在球場中間的看臺上，他們坐了下來，一起觀賞球賽。在比賽過程中，蘇總似乎十分融入於球賽中，不時鼓掌叫好。每當球員做出好的擒拿、接球、傳球、高踢、邊球等等，他就像場邊啦啦隊長一樣，十分興奮。當球隊達陣得分後，他甚至站起來歡呼慶祝。

阿雄忍不住問蘇總，「您似乎很陶醉於橄欖球比賽，您加油、叫好的歡呼聲和您在領導與管理大企業的嚴謹態度有一百八十度的不同。」

蘇總回答，「雖然自己的體能和年紀已經不適合這項年輕人的運動。但是，每次當我接觸到橄欖球，我還是會回到忘我的境界。我自己好像又回到過去。昔日大學中一起比賽、訓練、生活的同學、隊友、朋友和橄欖球所帶來的酸甜苦辣也一點一滴又回到腦海中。自己頓時不但感覺年輕了許多，所有工作和生活的憂慮和壓力也消失無蹤了。記得，『領導與管理的第一大祕密：熱愛你的工作』學習課程中，我提到增進抗壓能力和生理和情感上的隨時充電。橄欖球也是我抗壓和充電的一項祕密武器。」

球賽完畢後，蘇總很親切的和每一位學弟球員、教練和校友寒暄，大家都十分高興，笑聲不斷。頓時間，阿雄目睹了一支有高度團隊合作的隊伍所具備的象徵：每位屬於團隊的一分子，在參與團隊活動中，展現了無比向心力和力量，自然流露出個人的喜悅和享受。參與、期待貢獻給團隊，成為每個人努力的目標和日夜所思的任務。此時，蘇總和他所屬的橄欖球隊，正展現出一個團隊合作最好的勝利團隊的示範。

阿雄心中也規劃出一幅景象──一支屬於他和隊友們的高度合作和有效率的團隊。想到這裡，阿雄緊握雙手拳頭，大聲一呼：「I get it，我瞭解團隊合作的真義了。」

管理格言

哈佛商學院教授 Michael L. Tushman 和史丹福大學人力資源和組織行為系教授 Charles O'Reilly 研究發現：

1. 團隊合作是公司競爭的最有效武器。
2. 團隊的個人如果不能放棄自己的自大心 (Ego)，這個團隊就會失敗。
3. 一個成功有效率的團隊，個人必須以團隊目標為前提，不計較個人的成就。

福特汽車創辦人，亨利福特的名言：

將人們集合在一起是個起點，結合在一起就是進步，團結在一起就是成功。

(Coming together is a beginning, keeping together is progress, working together is success.)

7 UNIT

領導與管理的最終祕密

重點回顧

看完球賽後，在回北部的路上，蘇總再次強調「領導與管理的五大祕密」。

第一條：熱愛你的工作
(Passionate about Your Work)

第二條：建立一個明確的願景和目標
(Establish Clear Vision & Goals)

第三條：有效率的溝通
(Effective Communication)

第四條：公平、公正、合宜的獎賞與懲罰 (Fair & Appropriate Reward & Reprimand)

第五條：團隊合作 (Team Work)

蘇總語重心長的說，「阿雄，現在你具備所有的領導與管理五大祕密。這五大祕密成為我工作生涯的信條。也因為這五大祕密，我自己由一個初級工程師，成為一個管理世界聞名的跨國公司的主管。你是一位有潛力的工程師和主管，好好的應用這五大祕密，你的成就會是青出於藍，更勝於藍。」

「在這一年中，我已經可以感受到這五大祕密所帶給我個人和公司的正面效果。每當我學習一項祕密，從第一條、第二條、第三條到第四條，每經過三個月的應用和實行，工作的效率和成果都有很大的改變。現在，突然間，我有了所有的五大祕密，我感覺有些無所適從。在應用和實行這五大祕密，我需要按順序從第一條到第五條，或者可以隨時自主，不按順序的執行？我想要問您的是，在同時應用這五大祕密時，您的執行方式是什麼？」阿雄將心中的疑慮全盤托出。

「阿雄，在實行方式，可以分成二個階段。第一階段是屬於初學者。對於初學者，必須按照順序，從第一條到第五條，按部就班的學習和應用，才可以瞭解其中涵義和體會每條祕密中緊緊相扣，互相依靠的關係性。當初學者按部就班的學習和應用『領導與管理』的五大祕密後，通常一年後，主管和領導者就可以應用實行方式的第二階段。第二階段，我稱為『荷蘭風車』的實行方式。」蘇總認真的回答道。

阿雄好奇的問，「什麼是『荷蘭風車』？」

蘇總回答，「在荷蘭，那裡靠近大西洋海邊，因此，一年四季風力都非常強大。為了利用風力，荷蘭人利用風車的設計，成功的應用風力的能源來汲取水資源或者將水由低水位轉送到高水位的水庫上。在執行領導與管理的五大祕密，這五大祕密就像五片扇葉，主管和領導者就像風力，為了產生最大效能，主管和領導者必須不斷提供風力，這風力不斷轉動五片扇葉。開始時，起動能量必須夠大才能轉動扇葉，所產生的轉動速度慢。藉著持續不斷提供風力，風車的轉動速度也愈來愈快，所產生的能量和工作效率也將以倍速成長。在這個實行階段，領導者不需要按照順序從第一條到第五條，而是視現況所需要，不停提供能量給每一條祕密。如此，相輔相成，事半功倍，成為一個完全協調和高效率的公司和單位。看看這張圖（圖四十一）來解釋如何以『荷蘭風車』方式來執行和廣用『領導與管理』的五大祕密。」

阿雄說道，「再次謝謝您的教導，我一定會全力以赴，完成您對我的期望。蘇總，您對我還有什麼建議和交代的嗎？」

蘇總回答，「我對你有兩個要求：第一是好好應用和執行這五大祕密，自己身體力行。第二是將這五大祕密介紹和分享給其他人。為什麼我在十分忙碌的公司和個人工作時程上，願意將個人成功的經驗和你分享。因為，藉著這五大祕密的推展，培養更多優秀的管理人員，創造更多人才、更多財富，進而開創另一階段的經濟奇蹟，也會為社會和人民生活注入一股安定和繁榮的力量。」

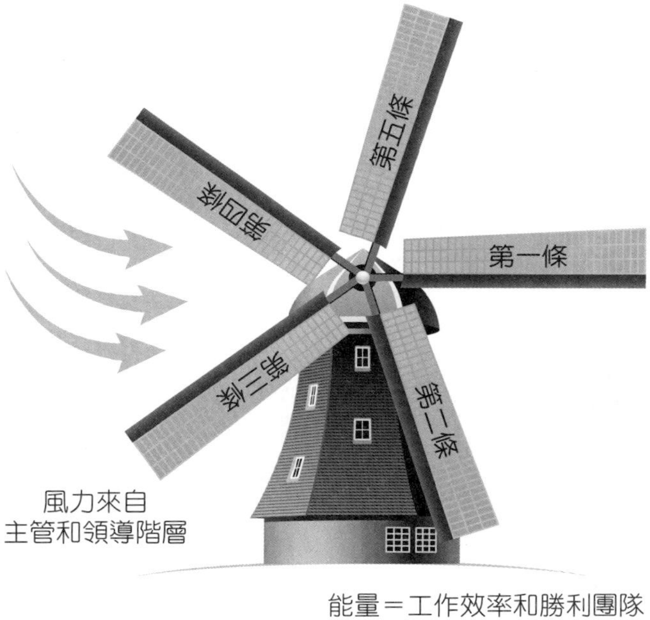

圖四十一

很快的，一年又過去了，蘇總今天突然接到一本由阿雄寄來的小冊子，上面寫著：

「蘇總，這一年來，我每天身體力行您的第一個要求。這『領導與管理』五大祕密是除了我的家人外，上帝賜給我的最佳禮物。為了完成您的第二個要求，一年來，我自己運用您的教導整理出以下的小冊子，並且免費贈送給所有需要的員工和個人。」

小冊子封面印著：

「領導與管理五大祕密」手冊

第一大祕密：熱愛你的工作

「熱愛你的工作」是領導與管理最重要的祕密，也是一個成功團隊的原動力

「熱愛你的工作」就像強大飛機和輪船的引擎。藉著強大的引擎，飛機和輪船才可以衝破亂流和海浪，才可以飛航世界各地，成為一個成功的國際企業。

保持體能、精神、感情的平衡

為了持續「熱愛你的工作」態度，每個人必須隨時保持體能、精神、感情的平衡和充電。

1. **體能上的平衡和充電**

(1)定期的運動。

(2)有規律的生活。

(3)健康的飲食。

2. **精神上的平衡和充電**

(1)「回歸自然」：定時藉由大自然，紓解壓力。

(2)不斷知識和教育的汲取：多讀書、寫書、畫畫、勞藝等等。

3. **感情上的平衡和充電**

(1)建立「強大的感情層面支持網」：和家人、同學、鄰居、親戚、同事等等保持良好關係和連絡。

(2)加入「志工」的行列和其他團體生活。

建立一套抗壓方式和守則

在工作上和生活中，不順之事十之八九，為了保持「熱愛你的工作」態度，建立一套自己的抗壓方式和守則。

「熱愛你的工作」的根本，在於建立一個正面、積極的態度

努力創造、維持正面和積極工作的環境和個人生活。

全力保持五份正面信息和一份負面信息的比例，以便達成積極、有活力和成功的工作環境。

達成第一條祕密的最高境界

(1)「盡情的跳舞，就好像沒有人在看你。」(Dance like nobody watches you.)

(2)「盡量去愛，就像從來沒被傷害過。」(Love as if you have never hurt.)

(3)「努力工作，不是因為需要金錢而工作。」(Work like you don't need money.)

第二大祕密：建立一個明確的願景和目標

願景和目標是你的導航

如果祕密第一條「熱愛你的工作」是輪船和飛機的引擎，那麼「願景和目標」就是飛機的雷達，輪船的羅盤。一個沒有「願景」和「目標」的團隊，就像迷航的飛機，汪洋中漂流的輪船，無所適從，最終將被雲層和大海所吞沒。

建立明確「願景」和「目標」，作為個人和團隊的執行指標

1. **一個有效率的「願景」必須具備以下特性**

(1)理想性和優越性。

(2)獨特性。

(3)未來性。

2. **一個有效率的「目標」則必須具備以下特性**

(1)可以去衡量的，目標盡量數量化以便衡量。
(2)很實際的，可以完成的。
(3)具有挑戰性的。

依據目標的時間長短和執行順序，可分為

(1)短期目標——零～十二個月。
(2)中期目標——一～二年。
(3)長期目標——二～五年。

「願景」和「目標」必須可以寫在一張紙上，以不超過三百個字為原則

(1)讀一遍，以不超過二分鐘為準。
(2)「願景」和「目標」是工作的指南針。
(3)所有個人工作重點、團隊資源和時間分配，必須和「願景」及「目標」互相一致。

為了增進執行「願景」和「目標」的效率，在執行任務和目標時，必須應用以下二大步驟

1. 把握工作重點，建立工作優先順序

事件依照緊急性和重要性可以分類為：

(1)第一類型：重要而且緊急的。像良率的問題、品管問題、新產品測試問題等等。

(2)第二類型：不重要但很緊急的。像突發會議、到期報告、緊急電話和電子文件等等。

(3)第三類型：不緊急也不重要的。像辦公室中電話聊天、流覽購物網站、玩電腦遊戲等等。

(4)第四類型：不緊急但很重要的。像長期計畫和願景的規劃、建立人力組織、創造新技術等等。

一個有效率，有執行能力的主管和個人必須是一個平衡第一類型和第四類型事件的人，懂得把握工作重點，建立工作優先順序，將時間安排在最有效率的事件上。

2. 懂得應用「分職分權」

一位懂得「分職分權」的主管和個人，可以產生工作效率的槓桿原理。在同樣的努力和工作量下，藉由有效的「分職分權」，就可以創造加乘的工作成果和效率。

願景和目標的最高境界有如蘋果創辦人賈伯斯所說的：「在宇宙中打出一個凹痕」，而實行願景和目標則需要「保持自己的飢渴和純真」，找尋自己喜愛的事，不要放棄，一直到找到它為止。

最後，在執行設定的「願景」和「目標」時，我們必須把握「今天」和「現在」，不必擔心「過去」和「未來」。如此，我們將會有一個滿足、舒適、愉快，有效率和有意義的人生。

第三大祕密：有效率的溝通

「有效率的溝通」能夠有效的呈現和加強第一大祕密和第二大祕密

藉由「有效率的溝通」，才足以發揮「熱愛你的工作」和「明確的願景和目標」的完全效能。它的功用就如同水在混凝土上，酵母在麵包上的功能一樣，缺一都無法達成效果。結合起來，才足以成為有效率的團隊。

溝通的對象，不僅僅是人與人之間，也是單位與單位的資訊溝通與交流

「有效的溝通」可以藉由工作資訊的分享和溝通，成為企業競爭的優勢，進而用以擊敗和領先所有競爭者。

溝通的內容通常可以分為三大類型

(1)第一類型：單位和公司的策略、目標和執行計畫。

(2)第二類型：單位例行生產、研發和新產品現況、執行績效報告。

(3)第三類型：單位人事、組織、行政或活動公告。

一個有效率的溝通架構，除了由上級向下級傳送和溝通資料及信息外，也必須具備下級向上級表達建言和反映的管道。這包括了員工個人建言，對於政策執行成效的分析和反映，工作執行上的路障，建議改進措施等等。如果沒有由下往上的資料傳送和反映，那麼所有資訊溝通，只是下達命令，和「FYI，僅供你參考」，不是溝通。一個有效率的溝通必須是雙向的。

溝通的方式和時機

除了日常生活和工作中的語音、電話、電子郵件和網路以外，還可以藉由許多不同會議方式來完成溝通。利用每日、每月、每季和年度不同會議去提供一個完整、隨時和經常性的「資訊溝通」平臺。

(1)年度的策略和目標會議。
(2)季度的公司營運和財務報告。
(3)每個月的工作和生產進度與現況報告。
(4)每星期的內部員工單位會議。
(5)每日的生產現況，執行狀況和問題報告。
(6)跳級的一對一員工會議，或者多人的圓桌會議。
(7)不定時、不定點的一對一員工會議。

一個「有效率的溝通系統」必須具備有

1.「好的溝通者」

一個好的溝通者，通常有：

(1)正面、積極和樂觀的人生態度和有力量的溝通方式和語言。

(2)有生動活潑的個人魅力。

(3)有強烈的個人決心、自信心和專注力，且以身作則，心口如一，說什麼就做什麼。

(4)具備有接受挑戰，絕不退縮的個人特質。

2. **應用有效率的溝通方式**

(1)有效率的電話、語音和電子郵件的處理系統：語音以不超過一分鐘、電子郵件以不超過一百字為基準。

(2)應用電話快速鍵和電子郵件團體信箱等等高科技的溝通工具，將聯絡人分類管理，去增加溝通的效率。

(3)應用80／20理論和漁網哲學，去把握工作重點，並設定每日工作和資訊的優先層次。

培養溝通技巧

要成為一位「好」而且有效率的溝通者，除了具備個人內在和外表特質外，可以經由訓練和培養自己獨特的溝通技巧。在溝通之前，溝通者必須把握以下重點：

(1)預先準備自己溝通的主題和信息。
(2)隨時專注於溝通的主題，而且這個主題是聽眾所需要知道的。
(3)不必過分憂慮自己溝通的缺點，很少人注意到你的缺點。

第四大祕密：公平、公正、合宜的獎賞與懲罰

不同性格的員工

根據作者 Douglas McGregor 的書《企業的人性面》(*The Human Side of Enterprise*)中，描述了在工作中，有二種類型的人。(A)類型的人——覺得工作是無聊的，工作只為了賺錢，沒有向上性，除非不時鞭策，否則無所事事，一事不成。(B)類型的人——覺得工作有十足樂趣，工作上被肯定，嘉許和自我求知向上的感受，和薪水相同重要。公平、公正、合宜的獎賞與懲罰，提供了和槓桿平衡原理一樣的方法，將大多數(A)類型的人員轉換成(B)類型員工，進而提高單位效率和競爭力。

一個有效率的獎賞制度必須具備以下特性

(1)獎賞必須因人而異，符合個人需求。
(2)獎賞必須和工作成果或者好的行為有一致性。
(3)獎賞必須及時，而且有明確目的。

獎賞個人的方式，可以分為三類

(1)第一類型：經常性的讚賞和表揚。這一類型獎賞包括不定時口頭、電子文件、正式書寫和公開場合的表揚。
(2)第二類型：物質和金錢實質報酬的獎賞，這一類獎賞包括了紅利、股票、加薪、禮券、現金、禮品、抽獎、旅遊等等。
(3)第三類型：非物質性（內在本質）的獎賞。第三類獎賞是最重要也是最有效率的獎賞。它包括了工作的支持度、工作的自主性、完全處理的權力、對公司和單位的參與、彈性的工作時間、職訓和學習、參加學術研討會和技術研討會、個人工作升遷和職業生涯的規劃。

主管及領導者在執行獎賞時，必須遵行以下方式和特性

(1)藉由執行獎賞，提供即時的工作回報和評鑑給員工。

(2)所有的獎賞必須出自於內心的，必須讓員工感到是誠懇的，不虛偽的。

(3)隨時隨地，不斷的去發掘單位中做對的事以及好的行為，加以表揚，如此才可以創造一個正面和積極的工作環境。

除了個人獎賞之外，團體的獎賞也不可少

因為團體的獎賞是以團體為重點。因此，一個有效率的團體獎賞必須具備二個要素：

(1)獎賞整個團體，而不是個人。團體的獎賞必須平均、公平的擴充到每一位團體成員，絕不可以集中於少數領導者或表現績優的員工。

(2)團隊獎賞必須以個人獎賞來互補。在一個團隊中，對於有特別工作成就的員工和領導者，除了團體獎賞外，必須給予個人表揚和獎賞來相輔助，以便達成最大效果。

合宜的懲罰和矯正，就像除去身體上癌細胞一樣，愈早愈好，愈快愈好，以便維持身體的永遠健康

主管在執行懲罰和糾正時，必須注意：

(1)明確的指出做錯的事情或不良行為，並且對事不對人。

(2)絕對要避免人身攻擊。

(3)必須是立即性。

(4)懲罰和糾正必須是發生在私人場合，而且是隱密的，才不致使當事人感到負面和羞辱的感覺。

(5)用詞必須是正面和積極的。即使是懲罰和糾正，用詞仍須十分正面，讓受糾正員工感到你對他還是有十足信心。

第五大祕密：團隊合作

建立一支高度合作和高效率團隊的步驟

(1)從吸收最佳員工開始。
(2)應用每個團隊成員長處、取長補短，形成互補和加乘效果。
(3)時時刻刻的照顧和培訓員工，如此，才可以增進團隊共同效能，並且建立團體的感情和互信。
(4)主管和領導人必須有勇氣和智慧去承擔所有的責任和失敗，並且將榮譽和成功的功勞歸功於團體和所有屬下。
(5)最後，注重於培養一支有獨特文化、傳統和人人引以為傲的光榮團隊。

要成為一位高執行效率的成功主管，必須具有以下特質

1. 管理事務的三項特質

(1)將功勞歸於團隊成員，自己承擔失敗、錯誤和責任。

(2)具備整流器(Diode)的管理方式。用整流器方式，去除掉員工的不安全感、害怕、恐懼和憂慮，取而代之的是通過整流器後，團隊接受挑戰、全力工作、完成任務的積極工作態度。

(3)具備有「彈簧」的管理能力。主管用自己「彈簧」的韌性和力量，帶領團隊朝一個多贏、樂觀、積極的工作環境邁進。並且藉由「彈簧」的力量，克服所有向下沈淪的因素，像團隊中不信任，相互猜疑，不團結，沒有互動等等。

2. 管理人的二項特質

(1)用誠心誠意去關心和照顧員工。

(2)以身作則，用自己的心和行為去引導員工。員工衷心的追隨你，是因為你的作為、人格和特性，而不是因為你的職位和命令。

促進團體合作的原動力可分為三個層次

(1)最低級：服從(Compliance)→完全沒推動力→沒有團隊合作。

(2)中級：認知(Identification)→有個人意願和動力→中級的團隊合作。

(3)最高級：完全自我投入(Internalization)→個人意願和團體目標相結合→最高級團隊合作→勝利、成功的團隊。一個團隊和公司，唯有具備有優良的和自傲的傳統，才足以帶領員工，鼓勵員工完全自我投入，成為一支最高度團隊合作，成為有傳統和勝利的團隊。

有優良文化的公司、單位通常具備

(1)國際競爭力。
(2)有最高的工作和社會道德標準。
(3)能照顧員工、回饋社會，成為國家社會的榮譽。
(4)有崇高、令人鼓舞的願景和目標。

多元化員工和工作環境是企業競爭的優勢，也是一支勝利團隊的根本，建立多元化團隊必須有以下制度

(1)員工多元化指標。
(2)多元化領導階級的捷徑。

主管和領導者在經營多元化團隊時，可以利用以下執行方式：

(1)走動式管理。

(2)星期五午餐日。

蘇氏團隊合作座右銘

共有七條，是建立團隊合作和創造一支勝利團隊的最佳指標。

在多重單位和團體的互動關係和團隊合作的深度，可以分為三種類型

(1)第一類型：一加一小於一（一個和尚有水喝，二個和尚打水喝，三個和尚沒水喝）——這種類型的團隊沒有一點團隊合作概念，每個團隊成員只為自身利益著想，彼此互揭瘡疤，為反對而反對。這種類型的公司和社會，只會消耗大量資源和精力，然後卻一事無成，向下沈淪。

(2)第二類型：一加一等於一（自掃門前雪）——這種類型的團隊，無法產生加乘的效果。雖然，個別單位和個人全力以赴，但彼此之間缺乏互動，對於橫跨多重團隊的任務，無法推展。在現階段環境，大部分公司、社會和團體都屬於這個類型。

(3)第三類型：一加一大於二（大家贏）——這是一個完全協調，高度團隊合作類型。這種類型的公司和社會，全體上下、個人和團體都結合在一起，為共同目標努力，產生極大互補和加乘效果。所有全世界一流跨國性、有競爭力的公司都是屬於這一類型。

主管和領導者，在領導和整合二支以上的團隊時，必須把握三大原則

(1)第一原則：首先，必須瞭解和尊重每個個別公司和單位的不同文化和操作形式。
(2)第二原則：擷取個別團體和公司的優點，然後融入於原有優良傳統和文化中。
(3)第三原則：融合所有優點、文化、傳統和成員，創造另外一支嶄新、更有效率，達成一加一大於二的新公司和團隊。

分享喜悅

又過了許多年，阿雄也成了公司的總經理。阿雄回想到蘇總介紹他認識了「領導與管理五大祕密」，這好像就是昨天發生的事一樣。

他很興奮，而且驕傲，自己將蘇總的五大祕密，不僅僅成功的應用在工作上，他也將這五大祕密寫成一本小冊子，並且分發給其他人，一起分享這寶貴的禮物。

阿雄記得就在上個星期，他接到一個新任主管國華的電話：「總經理，我要感謝您介紹給我這本『領導與管理五大祕密』的小冊子。它不但增進我的工作效率，更改變了我的個人和家庭生活，真是謝謝您。」這種電話和電子文件是讓阿雄感到最滿意和最有成就感的。

他想想過去發生在自己身上的故事，他記得他的初次主管經驗是如何由沮喪和狼狽，到接觸、學習、應用和發揚光大蘇總領導與管理的五大祕密。自己也由一位初級主管，藉由工作成就和自己創造的有效率和勝利團隊，一路走來也成功的成為一流公司的總經理。現在，他的最大期望，就是更多新人可以接觸和學習這五大祕密，並且一起分享這成功的滋味。想到這裡，阿雄不自覺的喜從心中來，嘴角也露出一絲滿足的微笑。

感謝

我要特別感謝三民書局劉振強董事長以及所有與本書出版有關的人員，幫助我處理打字、校正和出版期間的一切瑣碎事務，每一環節都是不可欠缺的工作。沒有他們的支持和幫忙，出版這本書的夢想是不可能實現的。

出版這本書的最大功勞應當歸於我太太，蘇凰凰 (Su)。她不但給了我最大支持和許許多多的建議，更替我承擔了所有家庭職責和教育小孩的任務，讓我可以專心在工作事業上和完成這本書。在本書初稿和改正過程，她更提供許多我忽略的觀點，也改正許多文字上和論述上不妥的文章。當然，我的二位女兒，Jessica 和 Justine，不但是我最大的粉絲 (Fans)，也是我生活中、工作上，最大的減壓良藥。從她們身上，我更學習了如何培養幽默感和如何去享受人生。她們教導我如何去成為一位好爸爸。她們說，每一位男人都可以成為父親，但是只有特別的男人，才可以成為爸爸 (Every man can be a father, but only someone special can be a daddy.)。

我也要特別謝謝吳凱民先生和夫人 (Eileen Wu)，不但對本書的校稿和聯絡出版社提供許多寶貴的意見與花費不少的時間，在此也要特別提出，如果沒有凱民和 Eileen 提供給我畢業後的第一份工作機會，也就沒有這本領導與管理的書籍了。

黃國興　**二〇〇七年九月**